しない
させない
まねかない

セクハラ
パワハラ

㈱クオレ・シー・キューブ

代表取締役　岡田　康子
講　師　　　木村　節子

「セクハラ・パワハラ」のない快適な職場づくりのために

　これまで弊社では多くのハラスメントに関する研修や講演をさせていただきました。最近は、そこでのご質問内容やアンケート回答から、ほとんどの受講者の方が「セクハラ・パワハラは起こしてはいけない」という認識をお持ちであることを実感します。ですがこうした認識とは裏腹に、都道府県労働局が受けた「民事上の個別労働紛争の相談件数」を例にとってみると、平成23年度の「いじめ嫌がらせ」による相談は4万5千件を超え、年々増加の一途をたどっています。この結果は、今後職場で働く誰もがいつハラスメントにあってもおかしくない状況を示しているといえるでしょう。

　「セクハラ」は、1999年と2007年に男女雇用機会均等法の改正が行われ、その都度、多くの企業が防止研修や啓発活動を実施してきました。そのおかげで、最近では「強引に性的関係を求める」、「不必要に体を触る」などあからさまなセクハラは社員同士では影をひそめるようになりました。ですが、最近は立場の弱い派遣社員や取引先に向けたセクハラや、職場に根強く残るようなジェンダー問題＊で不快な思いをするというケースも目立ってきています。
（※）ジェンダー問題＝社会的役割意識による男女の性差別の問題

　「パワハラ」は、弊社が2001年に社会へ送り出した言葉です。その「パワハラ」という言葉が社会に定着するにつれ、「暴力」や「罵倒」など明らかに攻撃的な言動による相談は弊社では少なくなってきました。しかし、最近は「部下を厳しく指導できなくなった」だけでなく、ハラスメントとは無縁だと思い込んでいた人が「部下を無視してパワハラをしているケース」や、「すぐにパワハラだと騒ぎだす若手社員の増加」などパワハラ問題の多様化が進んでいます。

　このような状況の中でハラスメントのない働きやすい職場を実現するには、部下指導やコミュニケーションの取り方を学ぶとともに、改めてハラスメントに対する正しい知識も必要です。そこで本書は、管理職や全社員に向けてマンガを用いてセクハラ・パワハラの実態とその対応策を考え、理解を深めていただけるように構成しております。

従来からハラスメントを理解するための書籍は数多く出版されています。ですが、本書のような臨場感あるマンガでわかりやすくハラスメントを描き、皆さんで解決方法を考えていただくテキスト形式の本は初めてではないでしょうか。

　とかくハラスメント問題について学ぶときは、「起こしてはいけない問題」という意識が先に立って肩に力が入りがちです。ですが、このマンガによる事例テキストでは、「私だったらこんな言い方で対処をするな」「いやいや、私ならこんなアプローチで解決しますけどね…」といったように、問題点を共有しながら気軽にハラスメントの防止・解決のアイデアを出していただくことを狙いとしています。決して、原因や解決方法はテキストに書かれたものだけではありません。100の職場があれば、100通りの風土にあった原因や解決方法があるはずですから、忌憚なく話し合う場のきっかけにしていただきたいのです。是非、このテキストを手に取ってくださった方には、ご自身の働きやすい職場づくりのために活用していただきたいと願っております。

　平成25年5月吉日

　　　　　　　　　　　　　　　　　　㈱クオレ・シー・キューブ　代表取締役　岡田 康子

CONTENTS

「セクハラ・パワハラ」のない快適な職場づくりのために …………………… 3
職場のセクハラとは何か ……………………………………………………………… 6
第 1 講　セクハラからの自己防衛 ………………………………………………… 8
第 2 講　セクハラをしないために ………………………………………………… 12
第 3 講　セクハラと労災認定の見直し …………………………………………… 16
■ column Ⅰ　多様化するセクハラ ……………………………………………… 22
第 4 講　職場のセクハラと会社の責務 …………………………………………… 24
第 5 講　ジェンダー・ハラスメントとセクハラ ………………………………… 28
第 6 講　対等なパートナーとして関わる ………………………………………… 32
■ column Ⅱ　パワハラ対策の動向 ……………………………………………… 36
■ column Ⅲ　パワハラになる言動とは ………………………………………… 38
第 7 講　パワハラが起きると ……………………………………………………… 40
第 8 講　パワハラの加害者 ………………………………………………………… 46
第 9 講　パワハラからの自己防衛 ………………………………………………… 50
第10講　無意識のパワハラを防ぐ ………………………………………………… 54
第11講　パワハラと指導の違い …………………………………………………… 58
第12講　パワハラにならない指導をするために ………………………………… 62
第13講　パワハラが起きない職場づくり ………………………………………… 66
第14講　パワハラにならないためのコミュニケーション ……………………… 72
第15講　企業トップのとるべき対応 ……………………………………………… 76
第16講　相談体制構築のポイント ………………………………………………… 82
第17講　部下からセクハラ相談を受けた時のポイント ………………………… 86
第18講　ハラスメントによるメンタルヘルス問題を防ぐ ……………………… 92
■ column Ⅳ　研修をすすめるにあたって ……………………………………… 96
参考資料 ……………………………………………………………………………… 98

職場のセクハラとは何か

　セクハラという言葉は誰でも知っていますが、「職場のセクハラとは何か」の基準や認識は、意外と人によってバラツキがあるものです。一般的には、「職場で相手が嫌だと感じるような性的な言動をすること、その性的な言動に対して"NO"と言ったために、仕事をしづらくするような行為をすること」とされています。

　まず、この定義前半の「相手が嫌だと感じるような性的な言動」は、セクハラの意図がなくても言動を受け取った相手が「嫌だ」「不快」と感じればセクハラになるということを指しています。例えば「ちょっと最近太ったんじゃないの？」などの言葉を発しても、受け手のAさんには「コミュニケーション」で、Bさんだと「セクハラ」になってしまう場合があります。人によってセクハラになったりならなかったりするのはおかしいと思われるかもしれませんが、セクハラは「受け手が不快と感じるかどうか」が判断のポイントなのです。

　セクハラ分類の1つに「環境型セクハラ」というものがあります。この「環境型セクハラ」は、職場で「性的な話をする」「通りがかりに体や髪に触れる」「宴会の席で裸になる」など、自分は冗談やコミュニケーションのつもりでも、不特定多数の人たちに不快感を与える可能性のあるセクハラです。それらに悪意がなくても継続的に続くようだと、いつの間にか強い不快感が募り、仕事意欲が低下して職場環境の悪化につながるセクハラです。

　次に、立場を利用して相手を不快にさせる性的な言動は「対価型セクハラ」とされています。

　また、定義後半の「性的な言動に対して"NO"と言ったために、仕事をしづらくするような行為をすること」もこの対価型セクハラに当たります。具体的には、上司や指導を受けている先輩から二人きりでの食事を誘われたが断れず困らされること、また、勇気を出して「二人きりでは行けません」と言ったところ翌日から「仕事に必要な情報を与えられない」などが対価型セクハラに当たります。他にも、社員から「つきあってほしい」と言われた派遣社員が丁寧にお断りしたところ、「来期の更新はないと契約終了をほのめかされる」なども同様に対価型セクハラに当たります。直接不利益を与えなくても、「どうなるかわからないよ」というような不安を与える行為もセクハラとみなされるのです。

この立場を利用したセクハラは、最近では男性上司から女性部下の形態に留まらず、正社員と派遣社員、取引先と営業職など、雇用元が異なる関係でも発生しており問題が複雑化しています。派遣社員や営業職の方たちは、正社員や取引先との力関係に敏感です。特に「契約を打ち切られるかもしれない」と思うと不本意なお誘いや性的な冗談に対して "NO" と言いにくいため深刻な事態につながりやすいといえます。

　以上のようにセクハラには、職場環境を悪化させる「環境型」、力関係を背景にした「対価型」の２種類がありますが、職場で起きているセクハラをこの２つに分類することが目的ではありません。このような分類や定義を知ることで職場のセクハラを早期に見つけ出し、対策につなげていくことに意味があるのです。

セクハラ防止には職場の一人ひとりが関わっている

　セクハラは企業の文化と密接に絡み合っています。その職場に長く勤務していると、なかなか自分たちの職場の文化や環境に疑問を抱くことが少なくなってきます。コミュニケーションのつもりでセクハラが日常的に起きている職場では、加害者の意識や文化が職場の常識になっていて、被害者が仕方なく合わせられていることも少なくありません。

　ですから、「働きやすい職場にするために」という観点から、定期的にセクハラ防止研修や職場ミーティングを行い、加害者を作らない取組みが大切になってきます。

　次から始まるセクハラ編の事例では、環境型・対価型のセクハラが登場してきます。是非、これらの事例を話し合いの材料として、皆さん同士の率直な話し合いにつなげていただきたいと思います。

　また、セクハラは加害者と被害者の人間関係の延長線上に起きるものです。相手に不快な行為を助長させないためには、受け手側も「困っている」という気持ちや状況を伝える力をつけることが必要です。もちろんセクハラはしないことが大前提ですが、一般社員の方々や派遣社員の皆さんもセクハラに対して受け身になるばかりでなく、自分たちが職場の一員としてどう関わることができるのかを考えていただければと思います。

第1講 セクハラからの自己防衛

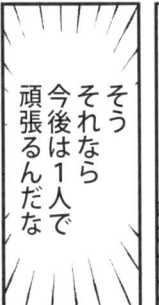

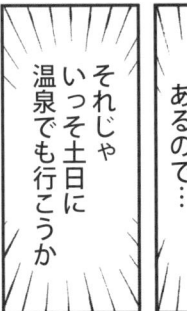

(1) 事例の前半部分からの設問です。日頃、職場の人たちはよく性的な冗談で盛り上がります。その上、福井さんまで巻き込まれて非常に不快な気持ちです。このような状況で、あなたなら自分の気持ちをどのように伝えますか？

(2) 事例の後半部分からの設問です。度々巣鴨さんは、指導担当の先輩から2人だけでの食事に誘われていました。しかし、今度のお誘いは温泉旅行だったため動揺してしまいました。この時あなたならどのように断りますか？

解答&解説　セクハラからの自己防衛

第1講

（1）セクシャルな話題を周囲がしていて、自分にも振られた時

「セクシャルな話をするのはやめてほしい」というあなたの気持ちをしっかり伝えましょう。

> 例
> ① 私にセクシャルな話で意見を求められても困ります。音楽の話ならいろいろ話したいことがあるんですけど話題を変えませんか？
> ② ちょっと職場ではふさわしくない会話ですよね。こういった会話はやめていただけませんか？

時折、こういったセクシャルな言動は「ちょっとしたコミュニケーションのつもり」「雰囲気を盛り上げるため」に行われ、セクハラの意識が無いものも見受けられます。そういった場合でも困っている人がいることをしっかりと言葉で伝えて、「あっ、自分たちはセクハラをしていたんだ」と気づいてもらうことが大切です。中には、「ＮＯ」という気持ちが強くあるのに、なかなか言葉に出せない人がいます。そういう人には「相手に嫌われたくない」「自分が雰囲気を壊してはいけない」という思いが強くあるのかもしれません。ですが、落ち着いてさらっといってみれば意外と「ああ、それは悪かったね。気をつけるよ」と受け止めてくれることが多いものです。タイミングを図って言ってみましょう。

とはいえ、その断りたい場面で言葉がとっさにうまく出てこないこともあるでしょう。そのような場合は不快なことが起きる場面を想定し、予め断る文章を作っておくとよいでしょう。言いたいことが言葉で組み立てられていると、その場に遭遇しても気持ちを落ち着かせて対応できるものです。

（2）温泉に誘われたがどのように断ったらよいか？

巣鴨さんは、指導担当の先輩との立場を考えながらも、冷静にしっかりと断ることが大切です。

> **例**
>
> ① せっかくのお誘いですが、土日のプライベートの時間に2人きりで出かけるつもりはありません。でもいろいろお話したいので、△△さんとランチなんかどうですか？
> ② 私は仕事とプライベートは別にしたいので、お誘いいただいた温泉にはご一緒できません。でも先輩のことはとても尊敬していますので、仕事ではなんでも声をかけてください。
> ③ 申し訳ありません。私にはお付き合いしている方がいますので、お誘いいただいても土日に2人きりで出かけることはできません。先輩もうまくゴールインできるように応援してくださいね。

　このようなフレーズを交えて、「先輩とは2人きりで出かけられないこと」、「好意には応えられない」ことをしっかり丁寧に伝えましょう。「この日は都合が悪い」「温泉は好きじゃないので…」など、本質をはぐらかすような断り方では、「別の日なら大丈夫かな」などと誘う方は都合よく考えがちですから、またお誘いがかかってしまいます。

　しかし、このようなセクハラが起きた背景には、巣鴨さんの仕事に対する自立心のなさと、異性の好意に対する甘えがあったといえるでしょう。巣鴨さんは、先輩が自分に好意を持っていることを知っており、その上で何かと仕事を助けてくれることを期待して、2人きりの食事にお付き合いしていました。こういった背景で何度もお誘いに応じていると、誘った先輩も、「断ってこないのだからまんざら悪い気持ちではないだろう」「仕事を助けてあげたので、相手も好意を持ってくれたのだろう」という気になっても仕方ありません。ですから、先輩が温泉に誘った際、「温泉？　冗談じゃないわ。なに勘違いしてるんですか？」という巣鴨さんの感情的なメールを受け取り、驚いてしまったのです。ある意味、男性の先輩は、セクハラの加害者でもあり、反面、自分の好意を利用された被害者だともいえるでしょう。

　男性であれ、女性であれ、仕事の責任主体は自分自身です。ですが、そのことを忘れて、異性の好意に頼るような行動をとると、この事例のようにセクハラを引き起こすこともあるのです。

　セクハラ防止が法律化されている背景は、単に職場の人々の「働きやすさ」の実現だけを追求したのではありません。「男女に関わりなく能力を発揮させるため」であり、男女ともに自立的に仕事することが求められているということを改めて知っておく必要があるでしょう。

第2講　セクハラをしないために

設 問

　男性は正社員、女性の神田さんは派遣社員です。何故、このように神田さんが困ってしまう状況になってしまったのでしょうか？　男性社員のコミュニケーションのとり方や関わり方から考えられる原因をあげください。

解答＆解説　セクハラをしないために　第2講

（1）男性社員が派遣社員の神田さんとの力関係や距離感の違いを考えず、一方的なコミュニケーションをとっていたため

　男性社員と神田さんとの間には正社員と派遣社員という立場上の力関係が存在しています。こういった場合、意外と正社員の方が自分のパワーに気づいていないことが多いようです。正社員にとって派遣社員の方は、お願いした仕事を気持ちよく引き受けてもらえばもらうほど距離の近い関係に感じることもあるでしょう。ですが、派遣社員の方にとっては、正社員の機嫌を損ねてしまったら仕事がやりにくくなるばかりでなく、場合によっては職場に居づらくなるなど雇用不安につながりかねません。そのような関係性では、食事に誘う、仕事に絡めて体に触れるなどの不快な行為を受けた時でも、派遣社員の方から「やめてほしい」「困る」「行きたくない」など、不快な気持ちを伝えることは難しいものです。そのようなお互いの力関係や距離感を理解した上で、男性社員は神田さんに対する言動やコミュニケーションをとる必要があったといえるでしょう。

（2）神田さんの非言語のサインを読み取ることができなかった

　神田さんは食事に誘われた際、「何度も予定があると言ってなかなかＯＫしなかった」「声のトーンが下がった」「返事までに間があった」、マウスを操作する手が触れて「表情が変わった」「体が硬直した」など、言葉の内容以外でたくさんの「ＮＯのサイン」を出していました。それを男性社員が汲み取ることができなかったことが、継続的にセクハラにつながってしまった一つの原因といえるでしょう。

　コミュニケーションとは、人間が互いに意思や感情および思考を伝達し合うことですが、相手の意思や感情、思考は言葉のみで伝達されるものではありません。よく加害者が継続的にセクハラ行為をしてしまった理由として、「相手が断らなかったので嫌だとは思っていなかった」という発言をニュース記事などで目にしますが、立場が上の職場の相手には、言葉以上に表情や口調、しぐさなどの非言語なサインの方に「不快な気持ち」が込められることが多いものです。

（3）男性社員は神田さんを仕事の対等なパートナーとしてとらえる以前に性的対象として接している

　職場恋愛がいけないということではありません。ですが、まずは派遣社員でも女性でも、職場においては仕事を遂行していく対等なパートナーとして接するスタンスが必要です。初めから性的対象として接することは相手を見下すことになり、セクハラにつながりかねません。

　今回のケースは立場上の力関係を背景としたセクハラですが、多くの企業で派遣社員を活用している状況では、このような正社員と派遣社員間のセクハラが問題となっています。まずは、力を持った立場の人がセクハラを起こさないために意識を高めることが大切ですが、派遣社員の皆さんにも自分の身を守る意識と方法をしっかり持って、派遣された職場で活躍してほしいものです。派遣社員の方は企業の中に一人乗り込み、常に短期間で評価をあげて契約更新を得ていかなければならない方が多いでしょう。ですから、職場の方に言われたことは、できる限り受け入れようとする意思が働きます。もちろん、性的に不快なことまで受け入れる必要はないのですが、上手に断ることができないために派遣社員・派遣先ともに大きなダメージを被るような問題になってから発覚することが多いのです。

　派遣社員を受け入れる企業にはこのような背景を理解していただき、仕事の役割はしっかり果たす一方で、セクハラなど性的に不快な言動があった場合はしっかりと意思を示してもらうよう、派遣開始時に派遣先責任者・指揮命令者・派遣社員３者で確認しておくとよいかもしれません。

　また最近では今回のケースとは異なり、すぐにセクハラと言われる不安から、気心が知れない異性のメンバーを職場の飲み会に誘いにくいという声も聞かれます。ですが、それでは本来必要な職場の交流を妨げてしまいます。まず、職場のパートナーとして交流を深めたいと思うならぜひ誘ってみてください。もし、そこで相手より自分の方が力を持っているならば、相手の言葉の内容だけでなく非言語サインにも注意を払ってみましょう。気乗りしていない様子が見てとれた場合、それ以上無理強いをしなければセクハラは十分に防げるのです。

第3講　セクハラと労災認定の見直し

● 設問

　今回のように被害者が心療内科に通院するようなセクハラが起きた場合、どのような問題に発展していくと考えますか？　会社、加害者の石川常務、被害者の目黒さんそれぞれの立場に立って具体的に考えてみてください。

解答 & 解説　セクハラと労災認定の見直し　第3講

今回の事例のように、職場のセクハラによってうつ病などの精神障害が引き起こされるケースは珍しくありません。このような場合、以下の問題に発展していく可能性があるでしょう。

（1）労災の認定や訴訟への発展

厚生労働省は平成23年に「セクハラによる精神疾患の労災認定基準について見直す決定」を行いました。そのため目黒さんが労災認定を申請した場合、管理職の秘書課長に相談したにも関わらず対応が適切でなくセクハラが改善されなかったことからストレス強度はⅢに修正され、労災が認定される可能性は非常に高いといえます。もし認定されない場合、目黒さんが認定を求める訴訟を起こすことも考えられます。また、目黒さんが就労困難で退職した場合は、退職による逸失利益や慰謝料などを求める訴訟を起こすことも十分あり得るでしょう。

（2）社内での処分問題への発展

今回のような被害者を精神障害に追い込むようなセクハラが発覚した場合、会社の就業規則やハラスメント防止規程などに沿って加害者の処分が行われます。

（3）その他、目黒さん、石川常務、会社の立場で発展し得る問題

目黒さん

- 身体的・心理的に大きなダメージを受けたことで、心療内科などへの通院が長期化
- 心的外傷後ストレス障害（PTSD）を患い、密室が怖い、男性が怖いなどの症状が長期化
- 退職しない場合でも異動になれば、秘書としてのキャリアが中断
- 職場の仲間からの特別扱いや違和感
- 就労が不可能になり辞職すれば、経済的損失
- 石川常務が処分されても社内に残る場合、報復行為に対しての恐怖

> **石川常務**
>
> ・降格、解雇などの処分
> ・懲戒解雇になれば再就職が困難になり、失職による経済的損失や社会的地位の損失
> ・訴訟になれば費用や時間の損失
> ・セクハラでの処分や訴訟によって、家族、友人からの孤立
> ・セクハラでの処分や訴訟によって、体調や心理面への影響
> ・セクハラでの処分や訴訟によって、社内に残った場合も職場内での信用は失墜
> ・女性の部下を持つことへの恐怖感
> ・目黒さんへの行為によっては、強制わいせつ罪での逮捕

> **会社**
>
> ・会社の信用が失墜
>   労災認定の訴訟などに発展すればセクハラ事件としてマスコミに取り上げられ、悪評によって会社の評判が損なわれます。しばらくの間、取引先での営業活動もセクハラ事件へのお詫びや釈明に追われ本業への影響があるでしょう。
> ・訴訟で損害賠償が認められる、訴訟費用の支払いを命じられるなどがあれば経済的な損失
> ・法務部や役員・秘書課なども裁判のための準備で時間と生産性の損失
> ・大きなセクハラ事件に発展すると、加害者と被害者両方が退職するケースも多く、有能な人材の損失
> ・社員は自分の会社の役員がセクハラ事件を起こしたことへのショックから、仕事の意欲低下や会社への不信を抱く

　このように、職場のセクハラは多様で重大な問題に発展していく可能性を持ち合わせているのです。

　また、今回の事例では、厚生労働省の平成23年「セクハラによる精神疾患の労災認定基準の見直し」がテーマとなっていますので、それについてもう少し詳しく触れていきましょう。

従来のセクハラ行為は、認定基準となるストレスの強度Ⅰ～Ⅲの「Ⅱ（中程度）」とされていましたが、出来事やケースによっては評価が見直されます。

① ストレス強度が「極度」に該当する出来事で、総合的判断のプロセスを必要とせず心理的負荷が「強」と判断されるケース
・強姦や本人の意思を抑圧して行われたわいせつ行為

② 行為の内容や継続の度合いによって、ストレス強度「Ⅲ（強）」に修正されるケース
・腰や胸等の身体を継続して触る
・継続して腰や胸を触れなくても、会社に相談しても対応が適切でなく改善されない、相談後に職場の人間関係が悪化した
・身体接触がなく性的な発言のみのでも、人格を否定するような発言が継続的に続いた
・性的な発言のみでも継続的に続き、会社に相談しても対応が適切でなく改善されない
　このように、会社が相談に乗り改善したかどうかが問われています。

　平成21年のセクハラによる精神疾患の労災認定はわずか4件でしたが、今回の見直しが社会に認知されていくと申請数・認定数の増加が予想され、企業にとっては訴訟や損害賠償のリスクも高まるといえます。今後も、企業が職場の一人ひとりにセクハラに対する教育や啓発を継続的に行い、会社や職場全体でより一層セクハラを起こさない風土を築くことが必要です。

column

多様化するセクハラ

　研修でこんな質問をすることがあります。「社内でセクハラ問題が起きたと仮定してください。加害者と被害者それぞれ、男性・女性のどちらを思い浮べますか？」　すると、「加害者は男性、被害者は女性」という回答が圧倒的に多くなります。でも、よく考えてみればこれは一つの思い込みではないでしょうか。実際のセクハラ相談でも被害者は女性が多いのですが、最近は流通業やコールセンターなど女性比率が高い職場では、「女性同士が生理や授乳の話をおおっぴらにしていて、とても困っている」など、男性からの相談もしばしば入ってきます。また、「恋人の存在や過去の恋愛経験などをしつこく聞く」、「体形や頭髪など、外見的な特徴についての発言」、「職場での性的な噂話」などでは男性から女性に行うばかりでなく、女性から男性、女性同士、男性同士というケースも少なくありません。このようにセクハラは、誰でも行為者になり得る可能性があるといえるのです。

　また、セクハラには比較的解決が容易なものもあれば、長期にわたって職場に悪影響を与えるものまであります。例えば、軽いからかいなどのセクハラは、被害者が行為者に不快感を上手に伝えることで、加害者が「失礼なことを言ってしまったな」と反省につながりやすく、比較的状況は改善しやすいといえます。しかし一方で、解決の難しいセクハラの背景には行為者・被害者同士の偏見や否定的な感情、人間関係のこじれが根底にある場合が少なくありません。次のケースを見てみましょう。

　ベテラン女性社員のAさんは、顧客対応のプロではありますが、事務処理作業は苦手です。そのため、若手の女性派遣社員は残業して手伝わされることが多く、日頃から「社員のくせに能力が低い」という思いを持っていました。

ある日トイレでその派遣社員たちが自分たちの恋愛経験を大声で話していたところ、Ａさんは「他の人が来る所でそんな話はやめなさい。モラルがないわね」と厳しく叱りつけました。するとそれ以降、派遣社員たちは「口うるさいお局様」というような発言や、「○○常務と不倫関係にあるから会社にいられるらしい」などの噂を言いふらすようになってしまいました。

　このようなケースは、ベテラン女性社員と若手派遣社員に相手を否定する価値観・感情が存在し、そこからセクハラが起きています。例えセクハラになる言動を注意し、止めさせたとしても人間関係上のしこりは残り、職場全体のモチベーションダウンにもつながりかねません。

　最近は男女の性別の違いだけでなく、再雇用者や派遣社員、育児中の短時間勤務者など、多様な違いを持った人々が職場に集い一緒に仕事をすることが当たり前になってきました。そのような職場でハラスメントを防ぎ、働きやすい環境にするには、互いの人格や経験、仕事に対する価値観、立場などの違いを尊重する姿勢が欠かせません。その違いを理解し合うためには、事務的なやりとりだけではなく、コミュニケーションをしっかりととり、互いを認め合って信頼関係を築くことが大切です。そういった信頼関係こそがハラスメントを防止する礎なのです。

　最近の職場はスピードや生産性重視で、個人の考えや価値観、個性を理解し合う場や時間が持てなくなりました。職場をマネジメントする立場の方たちは、お互いを理解する場・時間をどう創出していくかも課題となるでしょう。

第４講　職場のセクハラと会社の責務

設問

　島根さんは、取引先の徳島さんから受けたセクハラについて課長に相談をしたところ、「酒の席での話だし、自分でどうにかしなさい」と言われて困り果ててしまいました。もし、あなたが上司の課長ならどのような回答をしますか？
　また、このようなセクハラが起きないように会社としてどのような対応が必要でしょうか？

解答&解説 職場のセクハラと会社の責務

第4講

　まず島根さんの上司である課長は、顧客から受けたセクハラ問題を島根さんだけに任せてしまう態度をとってはいけません。何故なら、一見個人の判断で参加したように思われる二次会であっても、仕事や仕事の人間関係を持ち込まれた場であれば、男女雇用機会均等法における「職場」に該当しますから、会社がすみやかに対応することが義務化されています。

　それを踏まえると、島根さんからセクハラ相談を受けた際には、以下のような回答例が考えられるでしょう。

> 「それはとても不快な思いをしましたね。話せる範囲でかまいませんから、そうなった経緯や状況をもう少し詳しく説明してもらえますか。そして、あなたがこれ以上困ることがないように私と会社で対処方法を考えます」

　このようにセクハラ被害の訴えに対してきちんと相談に乗り、会社として対処していく姿勢を伝えます。そして次のように、具体的な解決方法を提示していくことになるでしょう。

（1）改めて取引先の徳島さんが、時間外の打合せや個人的なお誘いをしてくるようであれば、「打合せは社内でお願いしたいこと」、「プライベートなお誘いであればお受けできないこと」を丁重ではあるものの、明確にお断りしてよいこと。どうしても必要な時間外での打合せは、課長が同行すること。

（2）島根さんの不安が強いようなら、当分の間、徳島さんへの訪問は課長が同行すること。

（3）メールが大量に来て対応に困るようなら、返信は課長にＣＣを入れて情報を共有し、その後の対応を考えることを伝えること。もし、仕事以外の内容のメールが来るようであれば「仕事外の内容のご返信はご遠慮したい」旨伝えてよいこと。それでもメールが来るようなら、課長が対応するから心配しなくてよいこと。

（４）以上のようなお断りの意思を示すことで、島根さんに不利になるようなアクションが徳島さんからあれば、課長や部長が対応するので心配しなくてよいこと。

（５）状況によっては担当者を変更することもあり得ること。

　セクハラを受けた被害者の深刻さや、取引先との関係にもよりますので、課長はその状況を勘案しながら対処していくことになります。しかし、上司である課長１人に対処を任せていては、また他の部署でもセクハラ問題が起きかねませんので、会社の中で統一した対処方法が必要となります。

　2007年の改正男女雇用機会均等法では、企業がセクハラ対策に必要な措置をすることが義務化され、従業員同士でのセクハラ防止だけでなく、全ての職場でセクハラにあわない・起こさないよう対策することが求められるようになりました。もし今後、会社が女性営業担当者を増やして戦力化していくのであれば、特に取引先とのセクハラ対策は欠かせません。女性の営業担当職や上司のみに対応を任せるのではなく、会社としてのガイドラインを明確にし、「女性営業の接待は上司が同行する」、「２次会以降は参加しない」、「セクハラが起きた時は、上司が取引先に同行し解決を図る」など、具体的な場面でどのような判断、対処をすればよいのかを明確にしておきましょう。

　また、実際のセクハラはガイドラインを作るだけでは不十分です。実際に、女性営業職が取引先から不快な言動をされた際も、毅然かつスマートに断れるような対応力が身につくよう支援することが大切です。そのためには研修が効果的です。事前に女性社員が取引先から受けそうなセクハラや性的な言動をヒアリングしてどのような時に困ってしまうのか、どのような対応で乗り越えてきたのかなど、顧客との関係を悪化させずＮＯと言えるノウハウを蓄積していきましょう。そして、女性営業職を集めた研修の中で、ロールプレイで学んでいくと実践的な力がつくはずです。

　このようなガイドラインを作る、ロールプレイを含む研修を行うことは、女性営業職が取引先からセクハラにあわないだけでなく、男性社員が取引先に対してセクハラをしないための啓発にもなります。

　今回の事例のように、企業は取引先からセクハラを受けた社員を守らなければなりません。同時に、現場では大切な取引先との関係維持も求められますが、セクハラの事態が大きくなってからでは関係がギクシャクし、業績にも影響が出てしまうおそれがあります。それを防ぐためにも、会社が主導してセクハラ対策に力を入れ、社員一人ひとりが対応できるようになる支援が求められるのです。

第5講 ジェンダー・ハラスメントとセクハラ

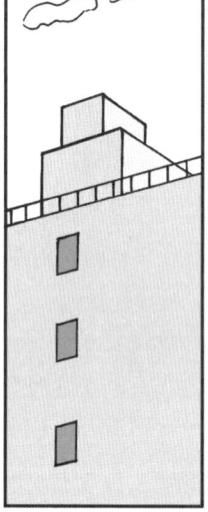

設 問

（1）何故課長は、いつも雑用を後輩の男性たちではなく、女性の田町さんに頼むと思いますか？
　　　事例の場面だけにとらわれず、思いつく理由を具体的に書いてください。

（2）また、課長に頼まれたコピーは時間がかかるもので、多忙な田町さんは引き受けられる状況にありません。このような時、ケース中にある田町さんの「えーっ、これも私がやるんですか？」という発言を言い替え、あなたなら課長に対してどのような表現で状況や思いを伝えますか？

解答＆解説 ジェンダー・ハラスメントとセクハラ 第5講

（1）課長が、いつも雑用を後輩の男性たちではなく、女性の田町さんに頼む理由

　まず1つ目に、事例からもわかるように「男性は弱気になってはいけない」、「女性は補助的な仕事を担うべき」というような、課長の固定観念から生じる性的役割意識（ジェンダーの意識）があげられるでしょう。管理職にこういった考えが根強くあると、社員一人ひとりの個性や能力より男女の違いを優先するマネジメントが行われ、部下は不満を持ちやすくなります。ですが、課長のジェンダー意識だけが田町さんに雑務を頼む理由なのでしょうか？

　2つ目に、事例の中では描かれていませんが、田町さん自身にも「女性は決められた範囲の仕事をきっちりとやればよい」いう考えがなかったでしょうか？　他にも、女性であることを理由に「交渉や判断業務はすぐに上司や男性に委ねてしまう」、「難易度の高い仕事をする事に関しては積極性が見られない」といったような態度をとっていると、課長が田町さんを評価することはなく、いつまでたっても責任ある仕事は任されません。

　3つ目に、時間がかかる雑務を急に依頼された場合、どうしても引き受けられないこともあるでしょう。そのような時、依頼者の立場を尊重しつつも、自分の状況や意思を穏やかに伝えるコミュニケーションスキルが不足していることも理由の一つです。このようなスキルが発揮できれば、課長も女性ということではなく、「今引き受けられる人にお願いしよう」と、少しずつ意識の変化が生じてくるでしょう。

（2）田町さんの「えーっ、これも私がやるんですか？」という発言を言い替え、あなたなら課長に対してどのような表現で状況や思いを伝えますか？

例

① 課長、申し訳ありません。今、○○の業務を至急終えなくてはならないのですが、どちらの仕事を優先して行えばいいでしょうか？
② 課長、今どうしても○○の処理があり手が離せません。他の方にお願いしていただいてもよいですか？　サポートできる時はお引き受けしますので申し訳ありません。

　　ただ「できません」「今は無理です」と言うだけでは、相手も困りますし心証もよくありません。相手の立場を大切にしながらも、自分の伝えたいことを丁寧に伝えることが大切です。また、このようなスキルは、ビジネスでの交渉やリーダーシップにも力を発揮しますので、是非、身につけて活用されることをお勧めします。

　今回のケースは、「男らしさ」・「女らしさ」の固定観念から生じる性差別を指す「ジェンハラ」（ジェンダー・ハラスメント）の一例です。今回の課長の言動以外にもジェンハラには「男は仕事、女は家庭」「男のくせに根性がない、女のくせに気が利かない」などの言動がありますが、それらがすぐにセクハラに該当するとはいえないでしょう。ですが、こういった課長の発言に対して「それほど疑問を感じない」という方は、無意識のうちにジェンハラだけでなくセクハラを引き起こしている可能性があるのです。要するにセクハラはジェンハラの延長線上にあり、「相手が性差別的言動に嫌悪感を持った」にも関わらず繰り返し行っていると、次第にそれらの言動がセクハラとみなされることがあります。一方、女性の方もそういった差別に甘えていたり、都合よく利用していると、相手のジェンハラやセクハラの言動を助長させることもあるのです。

　2007年の男女雇用機会均等法の改正後、セクハラ防止については、企業は女性だけでなく男性にもセクハラに対応する義務やセクハラ以外の相談も受け付けるよう求めるガイドラインが示されました。それは男性も女性もあくまでも対等であり、尊重し合うパートナーとして向かい合い、皆さんで働きやすい職場を作る必要性があるということを意味しています。特にジェンハラは、会社や職場の風土に根付いていることが多く、働いている人自身がなかなか気づきにくいものです。ですから改めて職場や自分自身にジェンハラが見受けられないか振り返り、セクハラ防止につなげたいものです。

第6講　対等なパートナーとして関わる

設 問

（1）上野さんは失望して退職届けを出してしまいました。課長は部下たちにどのようなマネジメントをするべきだったのでしょうか？

（2）課長が外国人秘書に対してセクハラを起こしたのは何故でしょうか？

（3）課長のような考え方や価値観が会社に根付いていると、事例にある会社は将来的にどのようなリスクを背負う可能性があるでしょうか？

解答 & 解説

対等なパートナーとして関わる

第6講

（1）事例の中で課長は部下たちにどのようなマネジメントをするべきだったのでしょうか？

　本来、部署内のマネジメントは男女の違いではなく、一人ひとりの個性や能力を把握し、適材適所で行われるべきものです。ですが、事例の中で課長は「前に出る仕事は男性の方がうまくいく」など、固定観念から生じる性的役割意識（ジェンダー）に基づいた考え方でマネジメントを行っており、今まで業務の中心にいた上野さんはやる気を喪失してしまいました。

　また、もし何らかの理由で大塚さんがシアトルに行くよう決定するなら、課長は今まで頑張ってきた上野さんに配慮した上で納得を引き出すような説明が必要だったでしょう。

（2）課長が外国人秘書にセクハラをしてしまった理由について

　「外国の女性には積極的に容貌をほめる」、「ハグをするなど身体に触れて親密感を持つ習慣がある」という課長の誤った思い込みがセクハラを引き起こした原因といえるでしょう。この会社のように海外との接点が増えるようであれば、会社が中心となって関係国の文化や習慣を学んでいく必要が増してくるでしょう。日本国内のメディアやインターネットにも外国の情報はあふれていますが、不確実な情報のまま現地で言動を発すると、セクハラなどのトラブルに発展する可能性がありますので注意しなければなりません。

（3）事例にある会社の将来的なリスク

① 海外でセクハラを起こす可能性があり、万が一問題を起こせば訴訟による損害賠償や、会社イメージの低下で経営に大きなダメージを与える可能性がある。

② 優秀な人材の確保が難しくなる可能性がある。

● **海外でセクハラ問題を起こし、経営に大きなダメージを与える可能性がある。**

特に人権意識が高い国ではセクハラに対する意識は高く、セクハラを起こした企業には厳しい制裁が加えられます。日本では多少大目に見てもらえるかもしれない「酔った席での発言だった」「場を和ますためなどの言動」でも、もしセクハラに厳しい国であれば、数十億円もの懲罰的損害賠償を言い渡され、経営に甚大な影響を与える可能性があるのです。海外企業や現地従業員と円滑にビジネスを進めるためには、その国の文化や習慣を事前によく理解した上でセクハラなどのハラスメント教育などを会社が中心となって徹底することが大切です。

● **優秀な人材の確保が難しくなる可能性がある。**

上野さんのような意欲ある女性社員を活用できない会社は、近い将来人材不足に悩まされることが懸念されます。どの企業においても優秀な人材の確保は重要な経営的課題といえますが、男性のみで人材確保するのは、今後労働力人口が減少する中で非常に難しい時代になります。今後は女性を男性同様に育成して活躍する場を与え、能力を高めてそれを発揮させていくことが企業競争力に差をつけるポイントになっていきます。特に最近は学校を卒業するまで、男女の区別なく活動してきた女性が増えており、就職して初めて男女差別に直面し失望することも多いようです。

また、それだけでなく、「女性はここまでの仕事でよい」というような社内風土があるようであれば改善し、女性社員がキャリアアップを目指していけるロールモデルを作って女性全体のボトムアップを図る対策も必要でしょう。

最近のセクハラは、男だから・女だからというようなジェンダーの意識が根底にあるものが多く見受けられます。これを防ぐためには、単に性的言動を発しないよう気をつけるだけでなく、性別で相手を見ず、仕事の対等なパートナーとして関わり、尊重しあう意識醸成がより重要になってきます。また、グローバル化も進んでいますので、国内外で「セクハラをしない、させない、ゆるさない」風土を作ることが、長期的な企業発展には欠かせないでしょう。

パワハラ対策の動向

　2012年1月末、厚生労働省が初めて「職場のパワーハラスメントの定義」を行ったことが話題になりました。「職場のいじめ・嫌がらせ問題に関する円卓会議ワーキング・グループ」から報告されたことを受けて発表されたものです。その報告によると、この問題への取組みの背景として、企業の82％が経営上重要な対策であると回答しています（平成17年、中央労働災害防止協会）。さらに、労働局に寄せられるいじめ・嫌がらせに関する相談は8年で約6倍に増加している現状があります。そこで、厚生労働省は有識者を集め「職場のいじめ・嫌がらせ問題に関する円卓会議」を開催し、ワーキング・グループでの具体的な検討を実施しました。その中で、

　① 取組みの必要性と意義
　② 職場からなくすべき行為の共通認識と行為類型
　③ 職場の対策

などのとりまとめを行いました。

　ここでは、ワーキング・グループの審議報告から、特に「職場からなくすべき行為の共通認識と行為類型」を中心に解説します。

職場からなくすべき行為の共通認識と行為類型

【共通認識】

「いじめ・嫌がらせ」「パワーハラスメント」

　どのような行為に該当するかは人によって判断が異なります。そこで、労使や関係者が共通の認識を持てるよう、次のような行為を総合して「職場のパワーハラスメント」と呼ぶことを提案しました。

職場のパワーハラスメントとは、同じ職場で働く者に対して、職務上の地位や人間関係などの職場の優位性を背景に、業務の適正な範囲を超えて、精神的・身体的苦痛を与える、または職場環境を悪化させる行為をいいます。
　ここでいう「職場の優位性」とは、上司と部下などの関係にとどまらず、先輩・後輩や同僚間など様々な優位性を背景としたものが含まれており、職場の誰もがその加害者になる可能性があることを指しています。

【職場のパワーハラスメントに当たりうる行為類型】
(ただし、これが職場のパワーハラスメントの全てを網羅するものではありません)
　① 身体的な攻撃　暴行、傷害
　② 精神的な攻撃　脅迫、名誉毀損、侮辱、ひどい暴言
　③ 人間関係からの切り離し　隔離・仲間外し・無視
　④ 過大な要求　業務上明らかに不要なことや遂行不可能なことの強制、仕事の妨害
　⑤ 過小な要求　業務上の合理性なく、能力や経験とかけ離れた程度の低い仕事を命じることや仕事を与えないこと
　⑥ 個の侵害　私的なことに過度に立ち入ること

　④⑤については程度の見極めが難しいですが、明らかに適正な範囲を超えた場合を指すと考えていいでしょう。それ以外は業務上の必要性がないものであり、労働者の人格や尊厳を侵害するだけでなく、それを放置することは企業にも大きな損失を与えるものです。反対に、積極的にその予防・解決に取り組めば、職場の活力や生産性アップが期待できます。

　従来は、パワハラの防止は各企業の努力に任されてきましたが、今後は行政が主導してパワハラ防止を促進していくことになります。それだけ、パワハラが今後の日本経済の発展や企業活動に損失があると考えているからです。改めて、企業トップの皆さんが先頭に立って、職場のパワーハラスメント防止の強い意思を社内に示されることが必要になってきたといえるでしょう。

III column

パワハラになる言動とは

　厚生労働省が示した「職場のパワーハラスメントの定義」の中で、働く皆さんにとって最も関心が高いのは、「どのような言動がパワハラに当たるか」ということではないでしょうか。以下では、「パワーハラスメントに当たる6つの行為類型」について、上司・部下の例を用いながら説明していきましょう。

（1）身体的な攻撃　暴行・傷害
　部下を指導しながら「頭を書類や新聞で叩く」、「襟元や服につかみかかる」、「蹴飛ばした椅子が部下にぶつかる」、「投げた書類などに当たる」などの行為があげられ、ケガをすれば傷害に当たります。誰が見てもすぐにわかる典型的なパワハラです。

（2）精神的な攻撃　脅迫・名誉毀損・侮辱・ひどい暴言
　成績があがらない部下に対して、「死んでしまえ」、「お前の代わりなんかいくらでもいるんだよ」、「俺の言うことを聞かないとどうなるか分かっているだろうな」などの脅すような発言、「給料泥棒」、「お前の学歴じゃどんなに頑張ってもダメだろう」など、本人の人格や尊厳を傷つけるような発言があげられます。

（3）人間関係からの切り離し　隔離・仲間外し・無視
　メンバーに対して、「あいつとは口を聞くな」と指示する、「1人だけ飲み会に誘わない」、「挨拶をしてきても無視をする」、仕事の質問に「全て自分で考えろ」と答えるなど、相手の存在を否定・無視するような行為が当てはまります。

（4）過大な要求　業務上明らかに不要なことなどを要求

　　部下に本気を出させようと「お前だけ来月から目標値200%」などの要求や、「毎日、訪問先企業の報告をレポート用紙5枚で提出しろ」など、1人だけに高すぎる、または必要のない要求をするなどが該当します。

（5）過小な要求　仕事を与えない等

　　部下に対して、「担当していた仕事を全部はずす」、「仕事に関わる指示や情報を与えない」、「ベテランなのに単純作業の仕事しか与えない」など、本人の能力が発揮できない仕事環境を作り、苦痛を与えるなどがあげられます。

（6）個の侵害　私的なことに過度に立ち入ること

　　「恋人がいるのか」、「土日は家で何をして過ごしているのか」など、仕事とは関係ない個人のプライベートについてしつこく聞く、また休日や夜間など不急の電話を頻繁にするなどが当てはまります。

　　（4）過大な要求と（5）過小な要求については、要求した背景や状況によってはパワハラかどうかの判断が難しいケースもありますが、それ以外は、明らかに業務上適正な範囲を超えた例といえるでしょう。まずは、職場のパワハラ防止に向けて、管理職の皆さんが中心となり皆さんの職場にこのような言動が起きていないか確認していただくことが大切です。

第7講　パワハラが起きると

設問

パワハラが起きると、被害者の山形さん、加害者のチームリーダー、会社や職場にはどのようなダメージや影響が及ぶのでしょうか。それぞれの立場から具体的に考えてみましょう。

解答&解説 パワハラが起きると
第7講

被害者の山形さん

- 身体的・心理的に大きなダメージを受け心療内科などへの通院が長期化する
- 心的外傷後ストレス障害（PTSD）を患い、上司と向かい合うと強い緊張状態が続く
- 退職しない場合にも異動になればキャリアが中断する
- 復職後に異動した場合、異動先で特別扱いされる
- 就労が不可能になり辞職すれば経済的損失につながる

　長期のパワハラにあうと心身の健康を害し、うつなどのメンタル不調に直結していきます。最悪の場合、山形さんのようにある日突然、自宅や社屋などで自殺してしまうケースもあるのです。山形さんのように「自分に非があるから叱られても仕方ない」と思う人は、パワハラを受けても耐えてしまうところがあるので特に注意が必要です。

加害者のチームリーダー

- 社内規程に沿って降格、解雇などの処分
- 解雇や退職による経済的損失や社会的地位の損失
- 訴訟になれば、裁判費用や慰謝料などの支払い、裁判準備のための時間損失
- 処分や訴訟によって、家族、友人からの孤立
- 処分や訴訟によって、体調や心理面への影響
- 処分や訴訟によって、社内に残った場合も職場内での信用は失墜
- 部下を持つことへの不安、マネジメントに対する不安が生じる
- 暴力や暴行、その他悪質な法律違反行為によっては逮捕される場合もある
- 相手への罪悪の念

　パワハラが事件化し公になってくると、加害者も罪悪感から心身の不調を訴えがちになります。また、異動した場合にも「パワハラ上司」のレッテルを貼られてしまい、社内に居づらくなり退職するケースも後を絶ちません。

> **会社や職場**
> - 大きなパワハラ事件に発展すると、加害者と被害者両方が退職してしまい、有能な人材を損失する
> - 訴訟などに発展すればパワハラ事件としてマスコミに取り上げられ、悪評によって会社の評判が損なわれる
> - 訴訟で損害賠償が認められる、訴訟費用を命じられるなどあれば経済的な損失
> - 法務部やパワハラを起こした職場なども裁判のための準備で時間と生産性の損失
> - 職場のメンバーは、自分が今度はパワハラにあわないことに力を割き、生産性が低下
> - 社員は自分の会社に対する不信を抱く

パワハラは、社内の生産性低下から会社の社会的信用の低下まで多岐にわたります。特に最近はパワハラによる精神障害と労災認定基準の関係が注目されていますので、今回のケースに関連する部分を詳しく見てみましょう。

（1）「ひどい嫌がらせ、いじめ、または暴行」の心理的負荷は「強」に該当する

チームリーダーは山形さんに対して、「役立たず、給料泥棒」などの人格否定発言や、「机を強く叩く」などの暴力的行為、懲罰的な長時間残業を強いるなど、適正な指導の範囲を超える言動を継続して行ってきました。これらの事実は「ひどい嫌がらせ、いじめ、または暴行を受けた」という心理的負荷表の「強」となる具体例に合致するため、もし、山形さんの遺族が労災申請した場合には、労災認定される可能性は極めて高いといえます。このことから、今後はパワハラによる精神障害で労災申請の増加が予想されます。

（2）平成23年の認定基準の改定で「長時間労働がある場合の評価方法」が具体的に示されています。

① 特別な出来事として極度の長時間労働から心理的負荷が「強」となる例
- 発症直前の1カ月におおむね160時間以上の時間外労働を行った場合
- 発症直前の3週間におおむね120時間以上の時間外労働を行った場合

② 発症の1カ月から3カ月間の長時間労働で心理的負荷が「強」となる例
- 発病直前の2カ月間連続して1月当たりおおむね120時間以上の時間外労働を行った場合
- 発病直前の3カ月間連続して1月当たりおおむね100時間以上の時間外労働を行った場合

③ 他の出来事と関連した長時間労働
　　・出来事が発生した前や後に恒常的な長時間労働（月100時間程度）があった場合、心理的負荷強度を修正する要素として評価されます。

　このように長時間労働が精神障害の発病の原因になることから、心理的負荷の評価例が具体的な時間とともに示されました。あくまでもこの時間数は目安ですが、今回のケースのように100時間の残業が、もし3カ月続いていたようであれば労災認定される可能性は極めて高くなります。企業は厳しい経営環境の中でも従業員の安全配慮義務を怠ってはならないのです。

　パワハラはセクハラと異なり、企業に防止や対処を義務付ける法律はまだ整備されていませんが、近年では行政や司法の場で企業に責任を問うケースが出てきていますので、会社が主体となってきちんと防止対策を立てていくことが大切です。パワハラは加害者・被害者両者の問題ではなく、厳しいビジネス環境を乗り越えていくために重要な経営課題なのです。

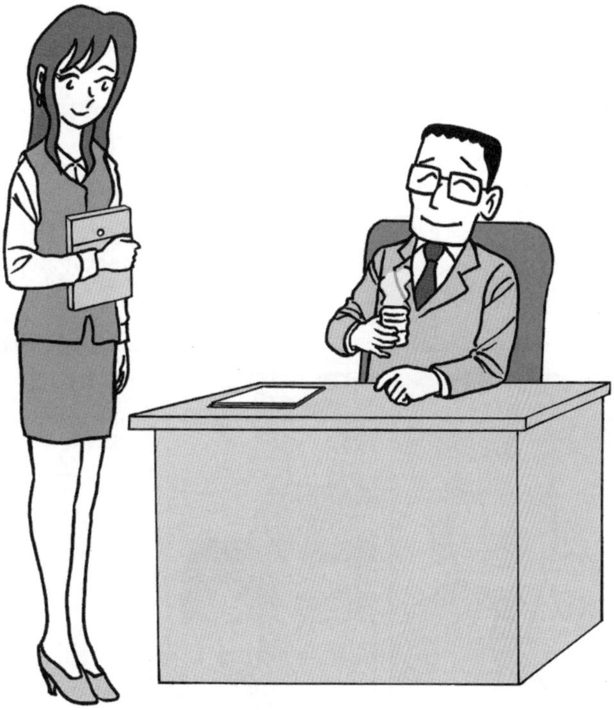

第8講 パワハラの加害者

● 設 問

（1）佐賀さんは、納期通り終えることに精一杯な状況です。浜松課長も一生懸命ではあるのですがまだ知識がないため、不適切な指示で仕事が滞ることもしばしばです。そのため佐賀さんはイライラし、「こんなITの知識は高校生だって知ってますよ。足をひっぱるのはやめてください」と浜松課長の人格を傷つけるような発言をしてしまいました。もしあなたなら、このような状況で課長にどのような言い方をしたらよいと思いますか？

（2）この仕事での知識や経験がない人が上司になった際、この上司に対してあなたはどのような行動をとっていきますか。具体的に記入してください。

解答 & 解説

パワハラの加害者

第8講

（1）パワハラにならない伝え方

例

① 浜松課長、この案件は期日が迫っています。その都度、進捗状況は報告させていただきますので、私にしばらく任せていただいてもいいでしょうか？ また、この案件の資料をお渡ししますので目を通していただくと状況や必要となる要件やノウハウを理解いただけると思います。

② 浜松課長、今回の案件は〜の理由からこの方法で進めています。ですが、進捗が遅れて納期に間に合うか不安がありますので、この案件はしばらく私中心で任せていただけませんか。もし、他部門への交渉などが必要な時はすぐに相談しますので、よろしくお願いします。

佐賀さんは浜松課長の知識や経験のなさにもイライラしていますが、このように自分の感情が抑えられなくなるような人は、「納期までに終えられなかったらどうしよう」というような自分の心配や不安がイライラを助長させていることが多いようです。こんな時、自分の気持ちに目を向けて、

　a. 今の状況
　b. 自分の気持ちや考え
　c. 解決に向けての提案

の順に整理して伝える訓練をすると、冷静に自分の思いや要求を相手に伝えられるようになっていきます。

（2）経験や知識が少ない浜松課長のような人が上司になった際の対応

近年は、どの会社でも事業売却や業務のアウトソーシングが断行され、経験や専門スキルが通用しない部署に異動することが珍しくなくなりました。ですから、若手社員の皆さんが上司よりも知識や経験値がある中で仕事を進めていく場面に遭遇するかもしれません。こんな時、「課長なんだから自分より仕事ができて当たり前」、

「知識のない人は上司として認めない」などの思い込みが強くあると、相手を見下し、たとえ部下であっても上司の人格を傷つけるパワハラを起こしかねません。

熟練した経験がある上司のもとでは上司が多くの判断業務を行い、部下の皆さんはその判断に従って仕事をしてきたはずです。ですから経験のない上司の下では自分が力をつけていくチャンスと考え、権限や判断業務を委譲してもらえるよう上司にアプローチしてみましょう。上司もリードしなければいけないという責任感が強過ぎると経験がない中で空回りしてしまいます。一方で、その上司の今までの経験も尊重することは必要です。例えば、営業のやり手なら社内であっても交渉業務などは得意なはずです。そういった得意なところはどんどん活用し合う関わりを持つと互いに成長し、認め合える関係になるのではないでしょうか。

職場のパワハラと聞くと、上司が部下を厳しい言葉で罵倒する、殴る、机を叩く・蹴るなど、まず上司からのパワハラをイメージする方が多いと思います。たしかにパワハラは、上司が職務上のパワーを背景に部下に行うものが最も多いのですが、それ以外に先輩から後輩、部下から上司、正社員から派遣社員、同僚同士など、多様な関係やパワーを背景に起きています。上記のケースでも、部下の佐賀さんが「ＩＴの専門知識や経験が高い」というパワーを持って浜松課長を見下し、人格や尊厳を傷つけ、マネジメント業務を妨げるような言動を発しています。

また、課長をかばう発言をする同僚の岡山さんにも、佐賀さんは他の同僚を巻き込んだ「集団のパワー」を使いパワハラを行っています。日頃、「自分はパワハラをするはずがない」と思っている方もいますが、誰でも職場では何らかのパワーを持っているのです。派遣社員の方が多い部署では正社員が仕事を教えない、数の多いプロパー社員が少数の出向社員を仲間外れにするなど、自分の職場環境を振り返ると色々なパワーを持っていることに気づきます。

また、「自分のやり方は正しい」「自分はいつも一生懸命やっている」という思いが強い人も注意が必要です。その正義感がパワーとなって「そんな程度の仕事しかできないのか」「そんなやり方でどうするんだ」などと必要以上に他者を追いつめることがあるからです。

このようにパワハラは誰でも加害者・被害者になり得る問題であることを知っていただくことが、職場でパワハラを起こさないためには大切なポイントといえるでしょう。

第9講　パワハラからの自己防衛

設問

　この若手社員の千葉さんのように、自分からパワハラを呼び込む原因を作っているケースも少なくありません。このような状況を作らないためにも、日頃から仕事や職場ではどのような態度や行動をとる必要があるでしょうか？
　あなたの仕事の場面を想定しながら具体的に記入してください。

解答 & 解説　パワハラからの自己防衛

第9講

　パワハラは、加害者自身が原因で一方的に起こすタイプのものもありますが、むしろパワハラは人と人のコミュニケーションの中から起きるものですから、両者それぞれに原因があることが多いものです。とくに最近は、被害者の態度や言動がパワハラを呼び込む原因を作っているケースが増えていますので、自分自身がそのような態度や行動をとっていないか振り返ってみましょう。

(1) 職場のルールややり方を守る

　頻繁に遅刻をする、職場の決められたやり方に従わず自分流で進めがちな人はいないでしょうか。1回だけならミスとして注意を受けるだけですが、改善されずに継続する場合は、上司や仕事関係者に「またか」という強いイライラを抱かせます。そういった態度はすぐに改善が必要です。

(2) 言われたことだけをやるのではなく、主体的に役割を果たす

　チームで営業をしていたとしましょう。10件のアポイントメントをとるよう指示がされました。あなたは期日までに10件のアポをとることだけをゴールにする人ですか？　それとも最終目標を見据えてどんな10件を選び、他に必要な仕事を見出して進めていく人ですか？　入社1年目の社員ならまず指示されたことを確実にやり遂げることが目標になるでしょう。ですが何年もたった社員が新入社員に近いスタンスでは上司や相手の「もっと頑張ってほしい」という期待とズレが生じてしまいイライラのもとになりかねません。

(3) 自分の目線だけでなく、上司や相手の立場に立って仕事をすすめる

　自分のノルマなんだから、達成しなくても自分だけの問題と考える人がいます。本当にそうでしょうか。もし上司であれば部門やチーム全体の責任を負っていますから、その重責や立場を思いはかる態度や言動は大切です。

(4) 報告・連絡・相談を適切なタイミングで行う

　上司は部下の行動や結果に対して責任を負う立場にありますから、こまめな「ホウ・

レン・ソウ」は大切です。「ホウ・レン・ソウ」をしないでどんどん仕事を進める習慣がある人については、上司は部下の様子がわからず困ってしまいます。逆に何でもかんでも上司に相談する人がいますが、依存的な態度が強いと上司は「1人で考えてやってほしい」とイライラするものです。

（5）すぐにできないとあきらめない

もちろん、自分の実力で進められない仕事もあるでしょうが、頻繁に自分で取組むことを諦めるようでは、上司や仕事仲間の信頼を得られません。

（6）自分のミスは素直に認める、言い訳をしない

ミスを素直に認めない、言い訳ばかりしていると、相手はそのミスを認めさせようとより感情的な態度をとるようになります。ミスをしっかりと認め、改善しようとする姿勢が必要です。

（7）自分の考えをしっかりと冷静に伝える

特に若い社員には多く見受けられる傾向です。日本の教育は話を聞くことが中心ですから、なかなか自分の考えをしっかり伝える力が身についていない人が多いようです。ですが、仕事上では意見が言えずにまどろっこしい態度をとっていると、相手はイライラしてしまいます。

（8）自分からおはよう、ありがとうなど、挨拶や声かけをする

最近は周囲が仕事に集中していて声がかけにくいという話も聞かれます。ですが、その雰囲気にのまれて挨拶をしないでいると、ちょっとしたことで相手とギスギスした関係を築くもとになってしまいます。ぜひ、朝フロアに入ったら自分から挨拶をする。退社するときはさりげなく挨拶をするなどを習慣にしましょう。

いくつか項目をあげてみましたが、パワハラを呼び込む原因になるようなポイントはもっとあるかもしれません。ですが、この解説を見ていただいておわかりの通り、社会人・仕事人として「できて当たり前の常識」が身についていないと、上司や相手をイライラさせてパワハラを呼び込むことがあるのです。最近は自分の権利ばかりを主張し、自分が原因で叱られたにも関わらずパワハラだと言い出す若手社員も増えています。ですが、まずは組織の一員として義務と役割をしっかり果たしていくことがパワハラを防ぐことにつながります。自分の日頃の態度や行動にも原因がないかどうか、この解説を見ながら振り返っていただくとよいでしょう。

第10講　無意識のパワハラを防ぐ

●設問

長野さんに「書類で頭を叩く」「おまえだけ業務報告だ」「ボーナスカットだぞ」など、部長は無意識にパワハラをするようになりました。その背景となった長野さんに対する部長の「意識」や「関わり方」の問題点をあげてみましょう。

解答 & 解説　無意識のパワハラを防ぐ　第10講

　部長は長野さんに対して最初からパワハラを行い、休職に追い込もうとしたわけではありません。当初は成績のよくない長野さんを育てようとしていました。ですが、パワハラを起こしエスカレートさせた背景には、部長に次のような意識や関わり方の問題があったと考えられます。

（1）自分のやり方が正しく、それをやり遂げられない長野さんにはやる気が不足しているという意識が強くある。

　営業など過去の成績が優秀だった人のなかには、自分のやり方は成功してきたのだから正しい、成果を上げてきたのだから間違いないという考えが根強いことがあります。そのために、自分が上司になって部下を指導する立場になると、どのようなことがうまくいっていないのか、何故うまくいかないのかをしっかりと探る前に、自分のやり方を押し付けてしまっていることがあるようです。また、部長が情熱的なタイプであればあるほど、成績が上がらない、自分が指示したことができなくて意気消沈している部下を見ると、やる気の問題と結び付けがちなところもあるかもしれません。ですが、成績が上がらない部下の原因はやる気だけではありません。千差万別でタイプを見極めた指導が必要です。

　例えば、車のディーラーを例にとっても営業にはいろいろなタイプがいます。緻密にじっくりと取組むのは苦手でも、ショールームに来たお客様の懐にはさっと飛び込んで場を和ませ、その熱が冷めないうちにどんどんアプローチしていくタイプ。反対に、お客様を喜ばせるようなトークや仕草はできないけれど、お客様の一言一句をデータ化してダイレクトメールを送るタイプ。「よく覚えていたね」ということでお客様を喜ばせて信頼を得ているなど、様々です。ですから部長が営業担当者だった時にさらっとできたことでも、部下によっては難しいことに思えて立ち止まっていることもあるものです。こういう時は、まずは教えたやり方ができなければダメなんだという考え方は一旦脇において、部下が何に困り、何故できないと思っているか、ゆっくりと話を聞いて柔軟に方法論を考えていくことが大切です。

（２）部長には長野さんに対して、「能力が低い奴だ」という意識や思い込みが少なからずあった。

　特にこの感情は、しばらく部長のやり方で指導をしてみたものの、思い通りの結果にならない時に起こります。自分のやり方が間違いないと思う人ほど、自分がイライラしてしまう原因を「部下の能力不足」と考えてしまいがちです。部下を見下す気持ちは、「いかにも自分が正しいという表情や態度」、「大声でまくし立てる」、「頭や体を書類で叩くなど」「１人だけペナルティを課して相手を追い込む言動」などに現れやすいものです。このような部長の言動があると、ただでさえ成績が出ずに弱気になっている長野さんにはより大きな心理的ダメージを与えることになります。

（３）部長という強力なパワーを持つ立場で、中間管理職を超えての直接指導も相手にとってはプレッシャーになった。

　長野さんはまだまだ経験不足です。部長とはキャリアの上でも会社内での力関係でも大きな差があります。そんな部長がマンツーマンで指導すると言ってきたら、若い部下は蛇に睨まれたカエルになりかねません。責任感の強い人ほど、人に任せず自分で何とかしたいという意志が働くことがありますが、長野さんにとって適切な距離感がある指導者に任せ、自分は見守る、長野さんの指導者をサポートすることが必要でしょう。

　今回の事例のように指導する立場にある人は、誰でも成功体験に基づいて正しいと思うやり方があるものです。ですが、そこにこだわり過ぎて自分のやり方を押し付け過ぎると、部下が応えきれずにパワハラになってしまう可能性があります。今回のケースでは部長と若手社員、職場での役割や権限は大きく異なります。部長は長野さんを何とかしたいという思いはあったものの、存在を尊重し、個性を理解しなければ成長に結び付く指導はできないということを忘れていたのではないでしょうか。最近は社員だけでなく雇用形態の違う派遣社員や協力会社の方、異なる国籍の方たちも一緒に働く職場環境になりました。多様な人材を活用し、能力を高めていくためにも、その人たちに合った柔軟な対応力がとても大切になっているのです。

第11講　パワハラと指導の違い

設問

あなたは渋谷課長です。部下の新橋さんからパワハラの相談があったと人事担当者から連絡を受けた場合、どのような対処方法や行動をとりますか？
それらについて具体的に書いてください。

解答＆解説

パワハラと指導の違い

第11講

　今回のようなケースでは、渋谷課長が部下の新橋さんに対してとった一連の言動はパワハラに当たるとはいいきれません。管理職として部下である新橋さんの遅刻やコンプライアンス違反を改善するよう、適正かつ必要な指導の範囲であるといえます。そこで渋谷課長がとるべき行動は、以下のようなものが考えられます。

（1）調査に協力する

　会社の相談窓口担当者は事実確認をするということが大きな使命です。ですから、ありのままを伝えて事実の把握に協力することが大切です。パワハラで処分されるかもしれないと思って、事実を隠そうとしたり、自分自身を正当化しようとすればするほど、不信感を持たれることでしょう。その際に、職場の状況や部下に期待していることなども広く説明しておく必要があります。さらに、担当者から今後どのようにしたらよいかについてもアドバイスを受けておくとよいでしょう。

　また事実確認の場をよい機会ととらえて、部下が言いにくかったことを相談担当者が代弁してくれると考え、部下の思いを真摯に受け止め、指導改善のヒントにしていくとよいでしょう。指導内容は正しくてもそれを相手が受けとめる心理状況でないとしたら有効な指導といえないことは明らかでしょう。

（2）部下指導のやり方を再検討する

　パワハラとはいえないようなことをパワハラと訴えてくるのには、何らかの理由があるはずです。職場で不快感や不安を感じているのかもしれません。また周囲から孤立している場合などもあります。訴えを部下からのＳＯＳのメッセージと受けとめてみましょう。自分自身が、当事者になっているわけですから、部下が窓口に相談した後で、「私のやっていることはパワハラではない」などといっても問題をこじらせるばかりです。ここではパワハラかどうかにこだわって対話を進めることは効果的ではありません。「私の言動でつらい思いをしたようだね。少し強く言い過ぎたかもしれない。その点は私も変えていこうと思う」としたうえで、「いい機会だから君の将来や、仕事のやり方について話を聞かせてくれ。君が会社で力を発揮でき

るように私もできるだけの支援をしていこうと思っている」等と、じっくり話を聞く機会を持つとよいでしょう。

　今回の事例は部下の遅刻と虚偽の売上報告というルール違反がベースになっていますが、誰でも遅刻などは稀にあることでしょう。しかし、何度注意しても遅刻が続くようであれば新橋さんに遅刻をしないよう、上司は厳しく指導することが必要です。こういった社会人として初歩的なルール違反が継続的に続くようでは、社内外での信用を得られるビジネスパーソンにはなり得ませんし、職場のモチベーションもダウンしてしまいます。人前で叱るということがパワハラに当たるのではないかとお考えになる方もおられるかもしれませんが、渋谷課長の叱責は新橋さんの遅刻という改善可能な行為について叱責していますから、たいていの場合、人前で叱ってもパワハラに当たらず指導の範囲といえるでしょう。

　特に虚偽の売上報告などの法律違反は、場合によっては会社の社会的信用を失墜させ経営状況を悪化させかねない重大な行為です。ここでの新橋さんは、虚偽の売上報告を「個人のちょっとしたこと」と捉えているようにも見受けられます。こういったコンプライアンス違反を軽く考えている部下に対しては、事態の重大さを理解させ、反省を促すためには時には厳しい叱責が必要なこともあるでしょう。

　もちろん指導の際、個人生活の話を持ち出す、部下の人格を否定する、以前のミスをネチネチと言い続けるような言動は避けなくてはなりません。また、このような言動はパワハラに当たる可能性があるので注意が必要です。また、必要以上に大きい声、攻撃的な口調は相手に大きな心理的ダメージを与えることでしょう。部下のタイプに合わせた叱り方や指導への心配りも大切です。

　最近、部下からのパワハラ発言を懸念して、マネジャーが厳しい指導や注意に躊躇してしまうという話をよく伺います。しかし、それは、管理職や上司に当たる方が、①管理職やマネジャーの役割を理解していない、②指導とパワハラの違いを理解していない、③「叱る」と「感情的に怒る」の区別がついていないため、自分の言動や指導に自信が持てないのではないでしょうか。マネジャーには部下の育成を促し健全な職場を維持する役割があります。そのためには、継続的にルール違反をする部下、大きなルール違反をする部下には、マネジャー自身の役割を理解した毅然とした対応が求められるのです。

第12講 パワハラにならない指導をするために

来週は、顧客向けの勉強会があるので難しいです。

来週、役員に君の事業を説明するので準備をお願いしたい。

あ、係長からだ

長崎君しか出来ない内容だから対応してほしい

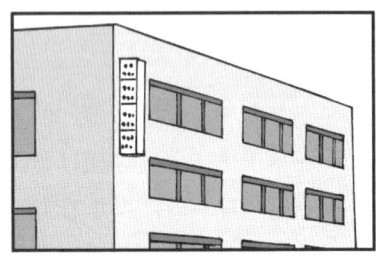

カタカタ

長崎君 説明会はさんざんだったらしいな お前を信頼して頼んだのにがっかりだよ

ふう〜 まいったな ギッ

なんだ！文句は一人前の仕事をしてから言いに来い！

見せしめのようなメールはやめてください！

CC 社員各位
長崎さん、書類提出がいつも遅いです。どうなっているんですか？しっかりしてください。

係長は何故メンバー全員にこんなメールを送るんだ

設問

　この事例の係長は、プレイングマネジャーとして多忙な立場にあります。ですが、長崎さんを注意するメールをあえて関係のないメンバー全員に送信するのはパワハラといえます。
　このような状況に至った係長の仕事の進め方や部下との関わり方の問題点をあげ、どのように改善すればよいのか具体的に考えてみましょう。

解答&解説　パワハラにならない指導をするために　第12講

（1）係長自身が業務にもう少し余裕を持てる状況を作るような工夫をする

　係長の指示がほとんどメールで行われていることからもわかるように、係長自身がかなり多忙であることが推測されます。こういったパワハラを起こす背景には、上司自身が多忙で、精神的に厳しい状況におかれていることが多いものです。通常このような状況になると、上司は部下に一方的な指示をしたり、事態に合致しない指示を出さざるを得なくなります。そして、部下が指示を受けた時の様子に目をとめることができないので、今回の係長と長崎さんのようにさらにすれ違いが大きくなりがちです。

　多忙な業務に余裕を持たせるには、仕事を俯瞰的に見る時間を定期的に作り、仕事の見通しをつける時間を持つとよいでしょう。毎朝でも週の初めでも構いません。仕事全体を見渡す習慣をつけましょう。緊急度と重要度を整理して段取りを組む、時間的な見通しを立てることで心の余裕が生まれるはずです。また、上司や役員からの指示にただ従うだけではマネジャーとしての役割は不十分といえるでしょう。

　事例では役員から事業説明の指示がありました。相手が役員や上司であると指示をそのまま受け入れなくてはいけないという心理が働きがちです。ですが、上司や役員であっても指示の意図を確認し、自分や部下との間に立って冷静に調整できれば、期待した成果が得られるでしょう。

（2）マネジメントの基本である部下の状況把握ができていないので、把握する努力をする

　部下の状況把握はマネジメントの基本です。特に部下について把握しなくてはいけないポイントは

- 今どのような役割や仕事を担っているか
- 仕事の量や難易度は部下にとって適切か
- 仕事の進捗状況
- どんな考え方を持って仕事に取組んでいるか
- 今の体調や気持ち

などがあげられます。

係長も長崎さんが担当している仕事内容は理解していますが、仕事量や気持ちは理解できていなかったといえるでしょう。「仕事量が多くてきつい」など、部下の気持ちをいちいち考えていては仕事にならないと考える上司の方もいるかもしれません。ですが、仕事の生産性には部下の考え方や気持ちは大きく作用します。ですから、可能な限り部下の現時点での状況をつかむことで、状況にフィットした指示や案を出せるはずです。

　もし、長崎さんの仕事状況を係長がきちんとつかんでいたら役員プレゼンをどうするべきか、または長崎さんの仕事をどうするべきか、何かしらのアイデアが出ていたかもしれません。

（3）部下とのコミュニケーションをメールに頼りすぎているので、対面での関わりを大切にする

　多忙なビジネス環境にあっては、上司・部下のコミュニケーションはメールに依存しがちです。ですが（2）であげた部下の把握は、どこまでメールでできるのでしょうか。仕事の進捗などの事実については有効なツールですが、部下の考えや気持ちまではなかなかつかめません。対面のコミュニケーションをとる時間がないという方もいますが、何十分もとらなくてもいいのです。たまたま職場に居合わせた際、上司が部下のそばに行き、2、3分対話をして状況を聞けばよいのです。その際に、やりとりしている部下の顔色や間合いからも部下の気持ちや状況は把握できるのです。メールでは五感を活かしたコミュニケーションが難しいため、意識や考え方のズレが生じても修正できなくなります。このズレが今回、長崎さんが役員プレゼンで成果をあげられない、書類提出の遅れが続いた要因ともいえるでしょう。

　また、メールで部下を注意・叱責するのは部下に誤解を与えかねません。メールは上司の意図が伝わりにくく、時間が経ってから読み手が叱られることにもなるため、反省を促す以上に大きなショックを与えることがあります。叱る時は、「事態が起きた直後、対面で、簡潔に」が基本です。また、個人的な注意を不特定多数のメンバーに知らしめるような行為は、その人の人格を傷つけることになります。もちろん、こういったこともパワハラに当たりますので配慮が必要です。

　今後の社会状況を考えると、マネジャーはますます過重な業務に追われるようになるでしょう。しかし、その業務をひたすらこなすだけでなく、業務をコントロールして心の余裕を確保する力をつけること、部下との対面のコミュニケーションを効果的に取り入れていくことが、部下指導でもパワハラ対策でも重要になってくるといえるでしょう。

第13講 パワハラが起きない職場づくり

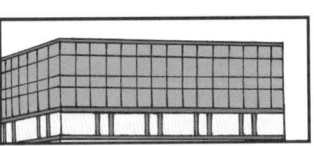

設 問

今回の事例を参考にしながら、部下や後輩が仕事に意欲的に取組むために必要なことはなんでしょうか？

（1）マネジャーやリーダーなど上司の取組み

（2）職場全体の取組みから考えてみましょう

解答&解説 パワハラが起きない職場づくり

第13講

(1) マネジャーやリーダーなど上司の取組み

部下の主体性を伸ばすためには、「部下が自己参加・自己決定感のある仕事で成果を出せるよう支援すること」がカギになるでしょう。もちろん、新入社員にいきなり仕事を任せるということではありません。その部下の能力や今できることを上司が見極めて、チャレンジさせていくことが大切です。

そのために次のような方法があげられるでしょう。

・自分が真剣に仕事に取組む姿勢を見せる

部下は上司の姿をよく見ています。上司の仕事に対する情熱や真剣さを感じると、部下は上司を尊敬しモチベーションにつなげていきます。

・部下の状況をしっかり聞いて理解する

今の若手社員は、学校や塾でも個別指導に慣れているため、自分を理解してくれるかどうかの感度が高いです。仕事が順調に進めばOKでなく、仕事を任せてみてどんな感じだったか、あなたならどうしたいかを対話し、部下の成長や考えなどを理解していきましょう。それを踏まえて指示を出していくと部下が安心感を持つのでやる気が上がり、自分で考えながら進めていくようになります。

・叱る時は、しっかり叱る

どの部下でも本来的には自分の成長を望み、会社の役に立つ人材になりたいと思っています。ですから事例のように、コーナーを任されたにも関わらず改善点がある、妥協していると思う時は、ビシッと簡潔に叱ることが必要です。しかし、ただ部下を叱ればよいわけではありません。先に述べたように、仕事に情熱的で尊敬できる上司、自分を理解してくれて信頼できる上司であることが叱責を受け入れるベースになります。そのベースがないまま、感情的に叱るだけだと部下はパワハラを受け

たように感じてしまうのです。

・思い切って任せる

　部下が仕事の基本を理解してきたら、今度は思いきってジャンプさせてみましょう。事例のように、上司が持っているコーナーの一部を全部任せてみるなど、部下にとっては「自分にできるだろうか…」というレベルのことをやらせてみましょう。そして、上司はサポートに徹し、仕事に権限を持ってやり遂げさせる経験を積ませるのです。自信がついてくれば、より高い目標に向かって厳しい叱責や試練も受け入れていくようになります。

・長期的な成長目標を一緒に立てる

　3年後、5年後、部下がどうなっていたいか、一緒にビジョンを掲げそれを支援していきます。例えば、「女性向け売り場の責任者になって、社内にいい事例を発信したい」という明確な目標があれば、厳しい叱責や試練を乗り越える意味を自分で感じるようになります。

　このように部下の主体性を伸ばすことと叱ることとは、パワハラ問題と近い関係にあります。上司の中にはパワハラが怖くて叱れないという方がいらっしゃいますが、まずは自分自身が情熱を持って仕事をし、部下を理解しようとしていれば、それほど恐れることではないのです。

（2）職場全体での取組み

　「社内に支え合う仕組みや風土を作れるかどうか」に尽きるでしょう。

・管理的なポジションにいる人

　事例にもあるように、店長やリーダーが日頃から自分の思いを話せる雰囲気を作る努力が必要です。どうしても普段は業務に追われて対話も少なくなりがちです。管理的立場にある人がオープンマインドであること、対話を率先する姿を見せると職場の中でお互いの認め合いが促進します。

　また、日頃からチームで仕事を進めるために、メンバー同士が助け合える仕組みを作っておきましょう。特に忙しい部下がいた時は、マネジャーやリーダーがその様子に気づき、他の部下にアプローチして支援を依頼してあげることも職場の雰囲気をよくしていきます。

・一般の従業員

　自分の仕事だけがＯＫであればいいのではなく、職場の仲間が今どんな状況なのか、関心を持っておくことが大切です。忙しければ手伝ってあげる、ちょっと落ち込んでいたら話を聞いてあげるような些細な気遣いや行動でいいのです。お互いが「ありがとう」と言える関係を築いておくことが支え合う職場の原動力になります。

　助け合わない職場、人と人とのコミュニケーションや交わりが少ない職場は、上司がちょっとした不快感から思い込みを持ち、パワハラにつながっていくこともあります。上記のケースで和歌山さんも、もし介護と仕事の両立についての相談がしにくい、１人で仕事を進める職場であった場合、リーダーが和歌山さんを「やる気がない」「店舗成績の足を引っ張っている」という思い込みを持ち、イライラから叱責などのパワハラをしないとも言い切れません。

　パワハラは、上司たちが「しない」という意識を持つことも大切ですが、部下の主体性を育てること、職場の仕組みや風土を育てることがパワハラ防止にも大きく役立つのです。

第14講 パワハラにならないためのコミュニケーション

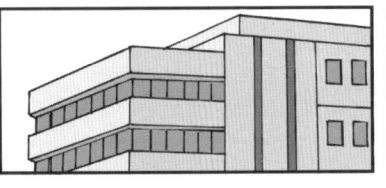

> すみません この資料を作成したら出ますから

> 鳥取君 まだ資料チェックしてるのか？
> 他の営業マンはとっくに外回りに行ったぞ

> 鳥取君 課で決めたやり方で進めてないから訪問件数が少ないじゃないか
> コピー代だって経費だぞ

> はい…今後気をつけます

> 今日は何件訪問したんだ？

> いえ…1件です 今後は頑張ります…

> 鳥取！お前 いつまで勝手なやり方してるんだよ！

> 相変わらず会社で資料作りか…
> あいつ 今月はとうとう成約件数0件なのに

設問

　この課では新しいサービスを取扱うことになり、課として1日の訪問件数を増やすこと、成約までの効果的な活動ステップを全員で進めることを決めました。しかし鳥取さんは自分のやり方にこだわり、それを課長が注意しても反応が薄い状況です。あなたが鳥取さんの上司なら、どのような言葉がけや指導をしますか？
　またその言葉がけや指導の狙いは何か考えてみましょう。

解答&解説　パワハラにならないためのコミュニケーション　第14講

　課長の指導やコミュニケーションの狙いは、鳥取さんが課で決められたやり方を受け入れて組織の一員としての行動をとり、部署の成果につなげることにあります。そのために、まず事例のような態度や行動をとり続ける鳥取さんの考えや意図をきちっと聞いた上で、やり方や指導内容を納得させることが大切です。

言葉がけの回答例

- 「課で決めた営業方針があったよね。鳥取さんはそれとは違う行動をとっているようだが、何か理由があるのか？　鳥取さんの考えを聞かせてくれ」「そうか、課の方針はわかっているけど完璧にしないと不安なんだね。しかし、方針は方針だ。その通りにやってもらわなくては困る。不安を解消するいい方法はあるかな？」

　中には、あれこれ指導やコミュニケーションをとるより、上司自身が鳥取さんの顧客をフォローして成績をあげた方が早いと思われた方もいるかもしれません。しかし、部下の成長や部署のパフォーマンスを長期的に考えると、上司が1人で成約のために動くのは得策ではありません。

　鳥取さんの気持ちの中に、課長には、「話してもきちんと聞いてもらえない」、「自分に自信がない」などの思いがあると、上司と向かい合うこと自体を避けてしまいかねません。また、鳥取さんが「丁寧な資料を作らねばならない」という本人の何かしらの思い込みが強い場合は、一方的に指導や指示をしても本人が納得しないので、指示通りの行動に移りにくいものです。どちらの場合も、まず鳥取さんの考えや意図をきちんと聞いた上で、指導・指示していく必要があります。

　入社まもない部下や説明を苦手とする部下は、自分の考えや思いをうまく口に出せないこともあります。その場合は、さらに部下の考えを整理させる間合いや問いかけが必要になるでしょう。

聞く	より積極的なきき方	
部下が発した言葉を単に聞く	聴く 部下が発した言葉だけでなく、その背景を想像したり、部下の様子を汲み取りながら興味深く聴く	訊く 質問を投げかけて、より深く相手の状況や考えを理解しようとする

　上記のように「聴く」と「訊く」を上手に組み合わせながら、部下の考えや意図を把握することが大切ですが、部下に「なぜ」「どうして」と訊くときの表情や言い方は、相手から自分の考えや意図を引き出す上で重要なポイントとなります。険しい表情や強い言い方で「なぜ」「どうして」と聞いてしまうと、不安傾向が強い部下にとっては、責められているように感じて気持ちが引いてしまいます。そうなるとせっかく相手の考えを聞こうとしている上司の思いは伝わりません。

　部下は、言葉の内容以上に、上司の表情、視線、手の動き、声のトーン、スピード、大きさなど、こういったものから、上司が本当に伝えたいメッセージとして解釈するのです。

　また、時々「こんなに部下に合わせて指導や、実践をしているのに部下はわかってくれない」と嘆かれる上司の方にお会いします。このようなケースでは、上司自身が持つコミュニケーション上の特徴やクセを理解していないことが原因になっていることも少なくありません。

・エネルギーにあふれる上司は、話し方や身ぶりが豪快なため、自分で思っている以上に部下にはパワフルな印象を与え、部下がいつも圧倒されてしまう。
・思考のスピードやテンポが速い上司の場合は、部下が考えている間に「なぜ・どうして」の質問や指示を発してしまい、詰問されている気持ちにさせてしまう。
・自分の良し悪しなどの価値基準がはっきりしている上司は、部下の話を懐疑的に聞く傾向があり、うなずく仕草もなく怪訝な表情で相手を緊張させている。

などが例としてあります。

　指導される部下が、自信に満ちている、落ち着いて論理的なやりとりができる人ばかりではありません。既に上司と部下という関係性だけで、部下は上司に対してパワーを感じているものです。

　部下の話をまずはしっかり聞くこと、そうすることで自分の話は聞いてもらえる価値があるのだ、自分の意見や考えが大事にされているのだという自信を持たせることができるでしょう。そのためには不十分な考えでも聞き入れ、部下自身の意思で解決案を出してもらうようにすることです。そうすればそのような結果が出たとしても部下自身の責任となります。そして、仮にうまくいかなかった時、その時こそ、上司のアドバイスが活きることでしょう。

第15講　企業トップのとるべき対応

● 設 問

事例のようなパワハラを放置しておくと重大な問題に発展しかねません。社内でパワハラを防止していくためには、特にトップマネジメント（経営者）の立場にある人にどのような行動や取組みが求められると思いますか？

解答 & 解説　企業トップのとるべき対応　第15講

　2012年3月15日、厚生労働省「職場のいじめ・嫌がらせに関する円卓会議」から「職場のパワーハラスメントの予防・解決に向けた提言」が発表され、トップマネジメントへの期待、上司への期待、職場一人ひとりへの期待が示されました。特にその中の「トップマネジメントへの期待」を踏まえながら見ていきましょう。

トップマネジメントへの期待

　組織のトップマネジメントの立場にある方には、職場のパワーハラスメントは組織の活力を削ぐものであることを意識し、こうした問題が生じない組織文化を育てていくことを求めています。そのためには、自らが範を示しながら、その姿勢を明確に示すなどの取組みを行うべきでしょう。

トップマネジメントに対して

　社内でパワハラを起こさないためには、

（1）企業トップが社内に向けて「パワハラはしない、させない、ゆるさない」というメッセージを明確に示しましょう。

　従業員全員と向かい合える規模の企業なら、社長が期初などの折に触れて直接伝えて本気の姿勢を伝えていきましょう。ですが、従業員が数百人以上の企業であれば、社長が直接発信するのは難しいですから、社内の広報誌やＷＥＢなどのコミュニケーションツールを利用して、社長自身の言葉でパワハラ防止に向けての考えを伝えましょう。ハラスメントは企業のコンプライアンスに関わる問題であり、今や社会的責任を果たす上ではとても重要な問題です。こういった社会の要請に応えられない企業は、お客様だけでなく全てのステークホルダーの信頼を裏切り、経営的なダメージを負いかねないことをトップ自身の言葉で伝えることが大切です。また、この意思表明は一度で終わってはいけません。人権週間など時期を決めて継続的に発信し、社内にハラスメント防止の意識を定着させていく努力を続けましょう。

（2）ハラスメント防止規程などを策定し、社内での防止や措置に必要なルールを明確にします。

（3）社内の相談体制を整えます。

　　今回のケースでは、相談を受ける窓口が設置されています。それだけではなく、当事者や周囲の第三者も含めて調査がきちんと行われる体制を築かなくてはいけません。今回のケースのように相談する窓口のみしか機能していないのは問題です。

（4）不公平な処分や計らいをしてはいけません。

　　社内の誰もが、規程などに沿って公平でなくてはなりません。業績に貢献する社員は重用したいものです。ですが今回のケースのように、成果をあげている部長のパワハラをもみ消すような行為を社長自らがしてはいけません。社員の信用を失い、やる気や活力も奪ってしまいます。

（5）社内に向けてハラスメントに関するアンケートをとります。

　　実際に相談窓口に相談をしてくるパワハラは氷山の一角に過ぎないかもしれません。社内にはパワハラが存在するのか、どのようなパワハラが起きているのかを把握することで、問題を大きくする前に対応することが可能になります。

（6）業務の見直しを率先します。

　　管理職が過重な業務によって強いストレス状態にあると、管理職がよい結果を出すために部下に対して厳しい指導をせざるを得なくなります。この流れを断ち切るよう、トップマネジメントが業務の見直しを率先していくことが職場に余裕を作ります。

（7）風通しのよい、人間関係が良好な社内風土を作る努力をします。

　　最も大切なのは、トップマネジメント自らがパワハラになるような行動をしないことです。

　トップと従業員の距離が近い企業では、社長の振舞いや態度は従業員の見本となります。たとえば、部下のミスや予測外の事態に対しても冷静に「なぜそのような事態になりましたか、どのように対処したのですか」と落ち着いて問題解決を進めていくと、自然と社員がそのような解決法を真似ていくものです。反対に社長が、成績のよくない管理職に「やる気あるのかお前、これからどうすんだよ」、「意見するなら数字をあげてからにしろ」などと大声で怒鳴り散らしてばかりだと、その管理職が自分の

職場に帰ってから、同じように部下を責め立てるような指導をするようになるものです。また日頃から、朝の出社時には社長自ら「おはよう」と社員に声をかけ、オープンマインドで社員と接するような会社は、社員同士も自然と声を掛け合い社内に活気が出てくるものです。

　このように社内の空気はトップマネジメントのあり方から醸成されることを忘れないでいただきたいと思います。

　もちろん、トップマネジメントや上司だけでなく、職場で働く一人ひとりが、ともに働く人の人格を尊重し、お互いの理解を深めていくためにコミュニケーションをとる姿勢を忘れてはいけません。ですが、企業内や職場においてのパワハラ防止には、トップマネジメントのあり方が大きく影響します。トップマネジメントはパワハラを起こさない企業文化の醸成をどのようにしたら実現できるのか、改めて考え、実践していただくことを期待しています。

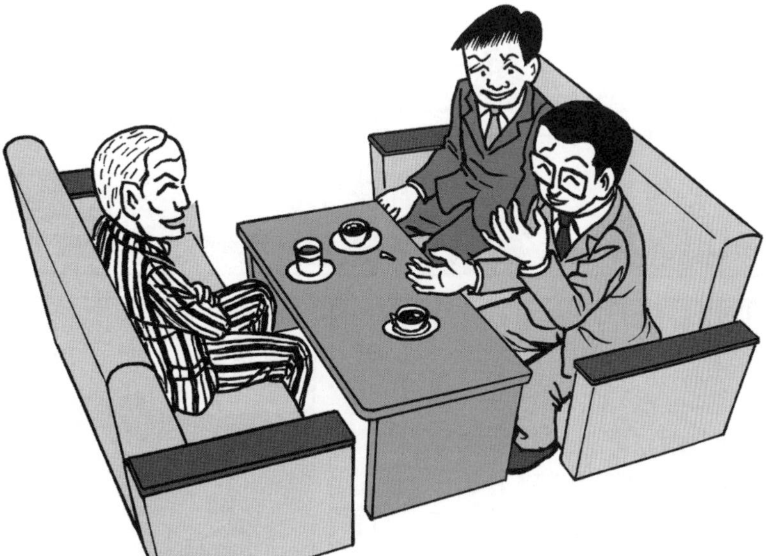

第16講　相談体制構築のポイント

設問

　熊本さんは、社内の相談窓口を利用せず退職することになってしまいました。このようなことを防ぐためにも、

（1）従業員の視点から社内の相談窓口を使う際に不安な点をあげてみましょう。

（2）相談窓口を利用してもらうために必要な取組みを考えてみましょう。

解答&解説　相談体制構築のポイント　第16講

（1）従業員の視点から社内の相談窓口を使う際に不安な点

① 相談者のプライバシーはきちんと守られるのか？

　　まず、自分の相談が外にもれないか心配になるかもしれません。相談窓口には守秘義務があります。このため、相談内容が外部にもれない仕組み作りの確立が不可欠です。男女雇用機会均等法でも、セクハラを受けた人が不利益を被らないように、会社が相談を受けて対処するよう義務づけています。それでも、社内の窓口に不安を覚える場合は匿名で相談をしてみることも必要でしょう。また、公的機関では都道府県労働局の雇用均等室などが相談を受け付けてくれますので、問題を1人で抱えないことが大切です。

② 状況を理解し、ちゃんと対応してくれるのか？

　　皆さんがセクハラを受けた際、まずは身近な同僚や先輩、友人に相談することが多いでしょう。もちろん、そういった方たちも皆さんの気持ちを理解して、自分の経験からアドバイスをしてくれると思います。一方で相談窓口の担当者は、相談のためのトレーニングを受けていたり、心理系の専門家が対応することが一般的です。ですから、傾聴を駆使して相談者の気持ちを整理させ、問題の本質に気づかせることができます。また、メンタル不調がある時などは公的相談機関やサポート源などの紹介をしてくれる窓口もあります。こじれた問題ほど、第三者の専門家に相談することで問題解決の糸口が見つかりやすくなるでしょう。

③ 相談者の意思を尊重した問題解決を進めてくれるのか？

　　この事例のように、課長が上下関係の力を背景に無視をしている場合には、相談窓口からのアドバイスだけでは問題解決につながらないこともあります。そのような時にも相談窓口が勝手に解決に向けて動いたりはしません。相談者には、会社に仲介してもらい解決を望むのか、謝罪や異動など、どんな対処を会社に望むのかなど、次の段階に移行する際は必ず相談者に意思確認を行います。相談者の意向を大切にして対応することになっています。

　　今回の事例では、熊本さんは残念なことに退職をしてしまいました。もし、相談窓

口に相談してくれていたら熊本さんにとっても会社にとっても、退職ではなくもっとよい解決策が見い出されたでしょう。

（2）相談窓口を利用してもらうために必要な取組み

現在、企業での相談窓口は、パワハラやコンプライアンスを含む幅広い内容に対応しているところが多くなっています。ですが、いざ従業員の皆さんがハラスメントにあうと、窓口への相談を躊躇している姿も見られますので、次のような活動が必要です。

① （1）の不安を取り除き、相談窓口を利用するメリットを周知させることが必要です。

② 従業員の方が気軽に相談してくれる環境づくりや周知に努めなくてはいけません。
具体的には、
- 相談窓口の連絡先、連絡方法（メールか電話か、受付時間、メールならいつまでに返答するか）、どんな人が対応するのか
- 相談したことが外部にもれないためのプライバシーや個人情報の管理方法
- 会社を介入して行う問題解決については、社内のハラスメント防止規程に沿ったプロセスで行うこと
- 気軽に利用してもらうために、職場の人間関係などちょっとした相談でも利用可能なこと

などを配布する相談カードやイントラページ、社内報など多様なツールで従業員に周知していくことが必要です。

③ 相談スキルの向上

ハラスメントの相談は、相談者の気持ちを受け止めて適切なアドバイスをしなくてはなりません。特に規模の大きな会社では電話やメールの相談も多く、会話や文字だけでやりとりするので対面相談より難易度は高くなります。電話相談であれば時々相談員同士で聞き合ってアドバイスをする、メール相談の返信は必ず2人の相談員で目を通して相談者との行き違いがないようチェックするなどの仕組みを作り、相談の質を高めていきましょう。利用者に「相談してよかった」と思ってもらうことが窓口への信頼につながります。

せっかく相談窓口を設置したにも関わらず、誰も活用しないような相談窓口では意味はありません。そのためには、ちょっとした人間関係の悩みや、仕事のストレス、異動後の不安など、まだハラスメントといえないことでも相談員が丁寧に受け止め、相談者の役に立つアドバイスを積み重ねていくことがとても大切になるといえるでしょう。

第17講 部下からセクハラ相談を受けた時のポイント

● 設 問

今回の事例を参考にして、あなたが部下からのセクハラ相談を受けた場合、どのようなことに留意して相談を受けなければならないでしょうか？

解答＆解説　部下からセクハラ相談を受けた時のポイント　第17講

　セクハラを受けた被害者が会社に相談する方法は、主に「会社の相談窓口」と「職場の上司」の２通りあります。特に被害者が上司に相談する時は、「自分の話を理解してくれて、問題解決につなげてくれるのではないか」という期待を込めて相談してくるものです。その際、上司は会社の一次相談窓口としての意識を持ち真摯な対応が求められます。

　上司がセクハラ相談を受ける際のポイントは、

・被害者が話したくないことは深く聞き込まず、被害者が困っていることを中心に聞く
　事例の中で上司は「恥ずかしがっていてはわからない、何をされたか全て話してほしい」と、女性の山口さんが話したくない部分を聞き出そうとしています。この時、相談を受けた上司は「一体どんなことをされたのだろう」という事実を確認したい気持ちになると思いますが、相談者は被害事実を詳しく話すことでさらに傷つくことがあります。まずは、相談者のつらい気持ちを受け止め、一番困っていることを聞くように努めてください。それで放置できないような問題であったら事実関係の調査を行い、加害者の処分も含めた対応をしなければなりませんが、その場合は自分で行うのではなく相談窓口に任せるとよいでしょう。

・心身などのケアが必要な時は、産業医や健康保健室などと連携する
　セクハラによって心身に強いダメージを受けていることがあります。そのような様子が見られる時は、相談者の許諾をとって産業医や健康相談室に連絡し、どのような対応をすべきか相談することもあります。もし、かなり心身のダメージが大きく仕事にならないような時は、数日会社を休ませてあげる配慮も必要でしょう。

・断ったことや相談したことで報復行為が起きないような措置をとる
　今回の事例では、相談したことがわかると加害者の福島さんから山口さんへさらなる報復行為があるかもしれません。まず、福島さんに山口さんが困っていること

を伝えて行為をやめるよう促す、上司の権限で山口さんの指導者を変更するなどの措置が考えられるでしょう。その場合には山口さんへの報復行為を絶対に行ってはならないことを福島さんに厳しく伝えておく必要があります。

・勝手に調査を始めて第三者に聞いて回ったりしない

　責任感の強い上司ほど、「解決は俺に任せなさい」という気持ちになって、周囲への聞き込み調査を始めてしまいます。ですが、色々な人に事情を聞くことでセクハラ問題が周囲に広まって騒ぎとなり、逆に相談者が苦痛を受けることがありますので注意が必要です。

・問題が深刻な場合は相談窓口、その他の部門と連携して進める

　上司が加害者の福島さんに注意したり相談者へのアドバイスをしても状況が改善しない、コンプライアンス上見過ごせないようなセクハラが起きた場合は、本人に社内窓口への相談を勧めてください。その後、状況に応じて窓口と連携しながら解決に当たります。

・プライバシーを最優先し、不用意に他言しない

　相談を受けた上司が対処に困ることもあるでしょう。すると、酒の席などで同僚やその上の上司にポロっと相談してしまうことがあります。後日、その話をした相手から相談内容がもれてしまい、事態が大きくなってしまうことがあります。日常の仕事は問題が起きると上司に「ホウ・レン・ソウ」をしながら解決していきますが、セクハラはプライバシーを守ることが最優先です。あくまでも自分が相談を受けたら、相談者の許可なく不用意な他言はしないように注意しましょう。

・自分自身の価値観で「あなたにも問題がある」などと被害者を責めたりしない

　特に、相談を受けた上司が加害者に対する評価が高いと、「彼だけに問題があるわけではない」という先入観が働きます。そして相談者に「相談者にも原因がある」「あなたにも問題がある」などと返り討ちにするような言い方をすれば、相談者は再び傷つくことになります。どちらに問題があるかなどの原因追及ではなく、まず被害者が大きく傷ついているという認識を持ち、相手を責めるような発言はつつしみながら、何が起きているのか、どのように解決していったらよいかを考えながら、中立的な立場で話を聞きましょう。

以上のような点を心に留めてセクハラの相談を受けるようにします。
　今回の事例では、上司を会社側の相談窓口として捉えた場合、きちんとセクハラ相談に応じたとはいい難い状況です。山口さんは腰などを触られるセクハラや、しつこいお誘いを受けています。もしその後、うつなどの精神障害に陥れば、山口さんが派遣社員の場合、派遣先の会社の責任が問われる可能性があります。例え派遣社員の方が被害を受けた場合でも、派遣先が解決していくことが求められているのです。

　職場には、多様な立場、役割の人たちが集って働いています。その中で、上司や指導を担当する方々が相談を受ける意味をきちんと理解し、対応する力を高めておくと、職場のハラスメント問題を早期に対処できるようになってくるでしょう。

第18講 ハラスメントによるメンタルヘルス問題を防ぐ

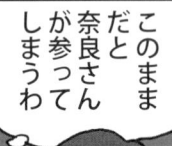

● 設 問

　事例の中で主任が「ある行動に出ました」とありますが、あなたが主任ならどのような行動をとってこの状況に対応しますか？

解答&解説 ハラスメントによる
メンタルヘルス問題を防ぐ
第18講

　自分の部署でパワハラが起きた際、自分がどのように関わればよいか悩むという方がとても多いようです。もし、そのままパワハラを遠くから見守るだけだと、被害者が心身ともに危険な状況に陥る可能性があります。そこで、次のような行動が必要だと考えられます。

（1）パワハラを受けている人に声をかけてメンタル不調の状況を把握し、専門家からのアドバイスを得る

　事例で奈良さんは長期間、課長から厳しい叱責を受け、傍から見てもかなりつらそうな様子が伺えます。このような状況では、できるだけ早急に奈良さんのつらさを周囲が受け止め、心身の状況を把握することが求められます。

　まず、「最近、つらそうだけど大丈夫？」と声をかけ、周囲が心配していることを伝えてあげましょう。パワハラを受けてメンタル不調に陥る人は、そのつらさを1人で抱えていることでさらに深刻な状況に陥ることが多いのです。

　次に奈良さんの話を聞く中で、「精神的にはどのくらいつらいのか」、「最近は夜眠れているのか」、「食欲はあるのか」などの状況を確認し、どのくらいメンタル不調が深刻なのかを捉えていきます。パワハラを受けている人の中には、「死んでしまいたい」「この世から消えてしまいたい」など、自殺をほのめかすような発言をする人もいます。このように自殺念慮が見受けられたら、一刻も早く専門家の手を借りて休養を取らせ、場合によっては入院などの措置が必要になることがあります。また、自殺をほのめかすまでの状況になくても、かなり精神的に参っているようであれば、休養や治療が必要になるでしょう。どちらの状況にせよ、課長に奈良さんのメンタル不調の深刻さを伝え、産業医や社内外の専門家に相談してアドバイスをもらって対処しなければなりません。

　また、メンタル不調が深刻でも、当事者は医療機関での受診を嫌がる場合があります。その際は、「遅刻やぼうっとしている様子が見えて心配だ」などと日常行動の

変化を伝えて、精神神経科や心療内科の受診を勧めましょう。既にメンタル不調が見受けられる状況では、奈良さんがこれ以上悪化しないよう対処することが大切です。

（2）奈良さんの状況や心境を課長に説明する

　パワハラをしている上司とその部下の関係がこじれてしまうと、当事者同士では解決の糸口が見い出せないことがあります。そのような時は、主任が間に立って奈良さんの状況や心境を課長に説明し、理解を得るという方法があります。

　以前、奈良さんが一定の成績を上げていたにも関わらず、急に成績が上がらなくなったような場合などは、その背後に何かしらの理由が隠れていることがあります。そのような時には、奈良さんに「最近、何かあったんじゃないか？」とそっと相談にのって状況を聞き出しましょう。そして、本人の了解を得て課長には、「私も顧客とは長期的な信頼を築くタイプだから、短期に売れと言われるとプレッシャーになって不振が続いた時期があります。少し彼が問題に感じている点に注目して解決してみたらどうでしょうか…。このままだと彼はもっと追い込まれる気がします」などと、自分の経験を交えながら話してみることも1つの方法です。他の部下から違った視点で冷静に話をされると、課長も「俺も自分のペースで押し過ぎたかな」と見方を変えてくれる可能性があるでしょう。

　一方、課長に対して「課長がやっていることはパワハラでよくない」とか、「みんなも課長のパワハラが原因だと言っている」などと、課長の責任を追及するような説明では、かえって奈良さんとの関係だけでなく、職場全体の雰囲気を悪化させてしまいます。

　あくまでも2人の間に立って説明するのは、課長にパワハラ加害者のレッテルを貼ることではなく、関わり方を見直してもらい奈良さんのメンタル不調の悪化を防ぐことが目的です。

　ハラスメントは被害者のメンタル不調を引き起こす大きな要因となります。もし被害者が精神障害に至れば、会社は労災認定や損害賠償などのリスクに直結します。ですから、ハラスメントが発生した際は、職場や会社の早期対応が必須です。

　被害者が会社に出勤できない状況になってから、初めて人事部門に状況連絡をするケースが多く見られます。そうなってしまうと加害者も被害者も現状復帰するのは容易ではありません。職場でハラスメントが起きてもメンバーが早目に手を差し伸べることで、重篤な事態に至らないよう努めたいものです。

IV column
研修を進めるにあたって

　ここは外食チェーンを展開する企業。この会社では、昨年から店長のマネジメント研修の中で、ハラスメント防止研修を1時間ほど行うことになりました。人事課長が講師となって、①セクハラ・パワハラの基準②会社の責任とリスク③ハラスメントを防ぐ店長の役割のレクチャーを実施しました。
　すると受講者アンケートでは、「セクハラやパワハラの問題の大きさがわかった」「店舗全体のマネジメントに活かしたい」という前向きな意見がある一方で、自分はハラスメントとは関係ないと言わんばかりの感想も多く見られたので、人事課長は研修内容に工夫が必要だと感じていました。すると、その数カ月後、社内の相談窓口に「付き合ってほしいとしつこくセクハラされているので解決してほしい」という相談が入ってきました。被害者から話を聞くと、加害者は研修で「自分はハラスメントをしないと思う」と回答した店長だったので、人事課長はさらにがっかりと肩を落としてしまいました…。
　研修は企業がハラスメント防止を進める上で有効な方法です。ですが、最近はこの事例のように、セクハラやパワハラの言葉が定着していることもあって、研修を企画しても「もうわかってるよ。ハラスメントをやるなって話でしょ」と受講者が仕方なく研修に参加するケースも少なくありません。それでは、予算と時間を使っても研修の効果が生きてきません。そこで、研修で当事者意識を持たせて理解を深めさせるにはどのような内容や方法で進めていけばよいのでしょうか？

（1）一方的な講義だけでなく、自分たちで考えさせるケースや質問集などを用い、自分たちの理解度を知る
　　講師がレクチャーするだけでは、受講者が自分のハラスメントの理解度を測ることは難しいものです。研修中に簡単なケースや質問集を使うとよ

いでしょう。たとえば、パワハラのケースであれば、上司と部下の一連のやりとりが文章化された中からパワハラに当たると思うものに下線を引いて、正しく回答できているかを確認します。また、クイズであれば、セクハラ・パワハラ各10問程度を用意して、その質問がハラスメントにあたるか〇×をつけてもらい、答え合わせをしましょう。講師からのレクチャーは、このケースやクイズの題材を解説するように進めていくと、受講者は自分の理解できていないところが明確になるので、必要な知識を得るために主体的に取組むようになります。

（2）グループワークを取り入れ、ハラスメントに対する視点の広がりや考えをまとめさせる

　もし、1時間半以上の時間がとれるようなら、ハラスメントを起こさないようにどうしたらよいかなどの話し合いをグループでさせるとよいでしょう。ハラスメントを防止し、風通しのよい職場を作るために、自分の部署の課題や明日から実践できそうな取組みのアイデアを出させるのです。あえてハラスメントについて話し合う時間は日常業務の中ではとれません。こういった機会に参加者同士の考えを出しあい、明日からできる解決策が見つかると参加者の満足度も高まります。この場合大切なことは、他者を責めたり行動変革を期待するのではなく、自分自身は何をしたらよいかを考えることです。

（3）社内アンケートなどを活用し、社内の事例を研修に盛り込む

　研修を実施する前に、①セクハラ・パワハラの被害を受けたことがあるか、②セクハラ・パワハラを見たことがあるか、③具体的にはどんなものか、など、社内で無記名のアンケートをとるのも一案です。その際は回収率を高めるため、アンケートをとる理由、利用方法の告知を徹底します。そして、集計結果を研修で公開し、改善に向けての討論をさせると、受講者は自分の会社・職場のことなので当事者意識を持ちやすくなります。また、そのアンケート調査と研修を継続的に行って研修で報告すると、自分たちの改善成果を確認でき、ハラスメント防止への関心を高めることができるでしょう。

　ハラスメント研修は、参加者が当事者意識を持って参加すること、継続的に実施してこそ防止につながっていきます。人事部やハラスメント防止を推進する部門が、実施のたびに受講者の段階に合わせた研修が企画できると、参加する社員や従業員の意識が向上し、ハラスメント防止効果を高めることができるでしょう。

参考資料

職場のパワーハラスメントの予防・解決に向けた提言

平成 24 年 3 月 15 日
職場のいじめ・嫌がらせ問題に関する円卓会議

1．はじめに～組織で働くすべての人たちへ～（問題の存在）

　いま、職場で傷つけられている人がいる。

　暴力、暴言、脅迫や仲間外しといったいじめ行為が行われ、こうした問題に悩む職場が増えている。

　また、どの職場でも日常的に行われている指導や注意などの業務上のやり取りが、たとえ悪意がなくとも適正な範囲を超えると、時として相手を深く傷つけてしまう場合がある。

　こうした行為は、なくしていくべき「職場のパワーハラスメント」に当たる。職場のパワーハラスメントは、上司から部下だけでなく、同僚間や部下から上司にも行われる。つまり、働く人の誰もが当事者となり得るものであることから、いま、組織で働くすべての人たちがこのことを意識するよう求めたい。

2．職場のパワーハラスメントをなくそう（問題に取り組む意義）

　職場のパワーハラスメントは、相手の尊厳や人格を傷つける許されない行為であるとともに、職場環境を悪化させるものである。

　こうした問題を放置すれば、人は仕事への意欲や自信を失い、時には、心身の健康や命すら危険にさらされる場合があり、職場のパワーハラスメントはなくしていかなければならない。

　また、数多くの人たちが組織で働く現在、職場のパワーハラスメントをなくすことは、組織の活力につながるだけでなく、国民の幸せにとっても重要な課題である。

3．職場のパワーハラスメントをなくすために（予防・解決に向けた取り組み）

（1）企業や労働組合、そして一人ひとりの取り組み

職場のパワーハラスメントをなくしていくために、企業や労働組合は、職場のパワーハラスメントの概念・行為類型（別紙参照）や、ワーキング・グループ報告が示した取り組み例を参考に取り組んでいくとともに、組織の取り組みが形だけのものにならないよう、職場の一人ひとりにも、それぞれの立場から取り組むことを求めたい。

（2）それぞれの立場から取り組んでいただきたいこと

● トップマネジメントへの期待

組織のトップマネジメントの立場にある方には、職場のパワーハラスメントは組織の活力を削ぐものであることを意識し、こうした問題が生じない組織文化を育てていくことを求めたい。

そのためには、自らが範を示しながら、その姿勢を明確に示すなどの取り組みを行うべきである。

● 上司への期待

上司の立場にある方には、自らがパワーハラスメントをしないことはもちろん、部下にもさせないように職場を管理することを求めたい。ただし、上司には、自らの権限を発揮し、職場をまとめ、人材を育成していく役割があり、必要な指導を適正に行うことまでためらってはならない。

また、職場でパワーハラスメントが起こってしまった場合には、その解決に取り組むべきである。

● 職場の一人ひとりへの期待。人格尊重、コミュニケーション、互いの支え合い

① 人格尊重

職場のパワーハラスメント対策の本質は、職場の一人ひとりが、自分も相手も、等しく、不当に傷つけられてはならない尊厳や人格を持った存在であることを認識した上で、それぞれの価値観、立場、能力などといった違いを認めて、互いを受け止め、その人格を尊重し合うことにある。

② コミュニケーション

互いの人格の尊重は、上司と部下や同僚の間で、理解し協力し合う適切なコミュニケーションを形成する努力を通じて実現できるものである。

そのため、職場のパワーハラスメント対策は、コミュニケーションを抑制するものであってはならない。

職場の一人ひとりが、こうしたコミュニケーションを適切に、そして積極的に行うことがパワーハラスメントの予防につながる。

例えば、上司は、指導や注意は「事柄」を中心に行い「人格」攻撃に陥らないようにする。部下は、仕事の進め方をめぐって疑問や戸惑いを感じることがあればそうした気持ちを適切に伝える。それらの必要な心構えを身につけることを期待したい。

③互いの支え合い

職場の一人ひとりが、職場のパワーハラスメントを見過ごさずに向き合い、こうした行為を受けた人を孤立させずに声をかけ合うなど、互いに支え合うことが重要である。

（3）政府や関係団体に期待すること

国や労使の団体は、当会議の提言及びワーキング・グループ報告を周知し、広く対策が行われるよう支援することを期待する。

4．おわりに

この提言は、職場からパワーハラスメントをなくし、働く人の尊厳や人格が大切にされる社会を創っていくための第一歩である。

この提言をもとに、組織は対策に取り組むとともに、そこで働く一人ひとりは自分たちの職場を見つめ直し、互いに話し合うことからはじめることを期待する。

職場のパワーハラスメントの概念と行為類型

（職場のいじめ・嫌がらせ問題に関する円卓会議ワーキング・グループ報告より）

「職場のパワーハラスメント」の概念と、典型的な行為類型を以下に示す。詳細については、当会議のワーキング・グループ報告を参照していただきたい。

【職場のパワーハラスメントの概念】

職場のパワーハラスメントとは、同じ職場で働く者に対して、職務上の地位や人間関係などの職場内の優位性を背景に、業務の適正な範囲を超えて、精神的・身体的苦痛を与える又は職場環境を悪化させる行為をいう。

【職場のパワーハラスメントの行為類型（典型的なものであり、すべてを網羅するものではないことに留意する必要がある）】

① 暴行・傷害（身体的な攻撃）

② 脅迫・名誉毀損・侮辱・ひどい暴言（精神的な攻撃）

③ 隔離・仲間外し・無視（人間関係からの切り離し）

④ 業務上明らかに不要なことや遂行不可能なことの強制、仕事の妨害（過大な要求）

⑤ 業務上の合理性なく、能力や経験とかけ離れた程度の低い仕事を命じることや仕事を与えないこと（過小な要求）

⑥ 私的なことに過度に立ち入ること（個の侵害）

①については、業務の遂行に関係するものであっても、「業務の適正な範囲」に含まれるとすることはできない。

②と③については、業務の遂行に必要な行為であるとは通常想定できないことから、原則として「業務の適正な範囲」を超えるものと考えられる。

④から⑥までについては、業務上の適正な指導との線引きが必ずしも容易でない場合があると考えられる。こうした行為について何が「業務の適正な範囲を超える」かについては、業種や企業文化の影響を受け、また、具体的な判断については、行為が行われた状況や行為が継続的であるかどうかによっても左右される部分もあると考えられるため、各企業・職場で認識をそろえ、その範囲を明確にする取組みを行うことが望ましい。

職場のいじめ・嫌がらせ問題に関する円卓会議ワーキング・グループ報告

1．はじめに：なぜ職場のいじめ・嫌がらせ問題に取り組むべきか

（1）問題の現状

● 職場のいじめ・嫌がらせは、近年、社会問題として顕在化してきている。この問題に関しては、職場の「いじめ・嫌がらせ」だけでなく「パワーハラスメント」という言葉なども使われている[1]。

例えば、都道府県労働局に寄せられる「いじめ・嫌がらせ」に関する相談は、平成14年度には約6,600件であったものが、平成22年度には約39,400件と、年々急速に増加[2]している。

さらに、労働者を対象に行われた調査では、職場のいじめ・嫌がらせが一部の限られた労働者だけの問題ではなく、働く人の誰もが関わりうる可能性があることが示されている[3]。

● 多くの企業も、「いじめ・嫌がらせ」、「パワーハラスメント」を経営上の重要な課題と認識している。

例えば、東証一部上場企業を対象に行われた調査[4]では、43％の企業が「パワー・ハラスメント」あるいはこれに類似した問題が発生したことがあると回答している。また、この調査では、82％の企業が、「パワー・ハラスメント」対策は経営上の重要な課題であると回答している。

---

[1] 「パワーハラスメント」という言葉については、例えば、各種報道や出版物、複数の国語辞典でも、職場のいじめ・嫌がらせを指す言葉として用いられている。ただし、上司から部下に行われるものを指している場合と、その他の関係間で行われるものを含んでいる場合の両方が見られる。

[2] 民事上の個別労働紛争相談件数の中で「いじめ・嫌がらせ」に関するものは平成14年度には第4位であったが、平成22年度には第2位となっている（「その他の労働条件」、「その他」を除き、「解雇」に次ぐ）。

[3] 「労働者のメンタルヘルス不調の第一次予防の浸透手法に関する調査研究」（平成22年度厚生労働科学研究費労働安全総合研究事業）の一環として行われた「仕事のストレスに関する全国調査」の結果によると、労働者のうち、約17人に1人（約6％）が「職場で自分がいじめにあっている（セクハラ、パワハラ含む）」と回答し、さらに約7人に1人（約15％）が「職場でいじめられている人がいる（セクハラ、パワハラ含む）」と回答している。

[4] 「パワー・ハラスメントの実態に関する調査研究」（平成17年中央労働災害防止協会）

さらに、近年、「いじめ・嫌がらせ」、「パワーハラスメント」に関する訴訟の増加もうかがわれ、判決でも「パワーハラスメント」という言葉が使用される例[5]が見られる。

（2）取組みの必要性・意義

● 「いじめ・嫌がらせ」、「パワーハラスメント」は、労働者の尊厳や人格を侵害する許されないものであるが、とりわけ、職務上の地位や人間関係を濫用して意図的に相手をいじめたり、嫌がらせを行ったりすることは許されるものではない。
　また、そのような意図はなくとも、度の過ぎた叱責や行き過ぎた指導は、相手の人格を傷つけ、意欲や自信を失わせ、さらには「いじめ・嫌がらせ」、「パワーハラスメント」を受けた人だけでなく行った人も自分の居場所が失われる結果を招いてしまうかもしれない。

● 人は他者との関わり合いの中で生きていく存在であり、職場は人生の中で多くの時間を過ごす場所であるとともに、多様な人間関係を取り結ぶ場でもある。
　そのような場所で、「いじめ・嫌がらせ」、「パワーハラスメント」を受けることにより、人格を傷つけられたり、仕事への意欲や自信を喪失したり、さらには居場所を奪われることで他者との関係性を断たれるなどの痛みは計り知れないものであり、生きる希望を失う場合もある。
　私たちは時として他者の痛みについては鈍感であるが、「もし、自分が、自分の家族が「いじめ・嫌がらせ」、「パワーハラスメント」を受けたらどう感じるか」を想像することでこの問題の重要性が理解できよう。

● 以上を踏まえると、「いじめ・嫌がらせ」、「パワーハラスメント」が企業にもたらす損失は、想像するよりも大きいといえる。
　「いじめ・嫌がらせ」、「パワーハラスメント」を受けた人にとっては、人格を傷つけられ、仕事への意欲や自信を失い、こうしたことは心の健康の悪化にもつながり、休職や退職に至る場合すらある。
　周囲の人たちにとっても、「いじめ・嫌がらせ」、「パワーハラスメント」を見聞きすることで、仕事への意欲が低下し、職場全体の生産性にも悪影響を及ぼしかねない。
　また、「いじめ・嫌がらせ」、「パワーハラスメント」を受けた人やその周囲の人だけでなく、行った人も不利益を受けうることになる。「いじめ・嫌がらせ」、「パワー

---

[5] 東京高判平17.4.20 労判914・82、東京地判平21.10.15 労判999・54 など

ハラスメント」を受けた人や周囲の人たちの生産性が低下することで職場の業績が悪化し、社内での自身の信用を低下させかねない。また、懲戒処分や訴訟のリスクを抱えることにもなる。

　企業にとっても、「いじめ・嫌がらせ」、「パワーハラスメント」は従業員間の問題にとどまるものではない。組織の生産性に悪影響が及ぶだけでなく、貴重な人材が休職や退職に至れば企業にとって大きな損失となる[6]。

　さらに企業として「いじめ・嫌がらせ」、「パワーハラスメント」に加担していなくとも、これを放置すると、裁判で使用者としての責任[7]を問われることもあり、企業のイメージダウンにもつながりかねない。

● 「いじめ・嫌がらせ」、「パワーハラスメント」問題に取り組む意義は、こうした損失の回避だけに終わるものではない。一人ひとりの尊厳や人格が尊重される職場づくりは、職場の活力につながり、仕事に対する意欲や職場全体の生産性の向上にも貢献することになる。この問題への取組みを、職場の禁止事項を増やし、活力を削ぐものととらえるのではなく、職場の活力につながるものととらえて、積極的に進めることが求められる。

（3）問題の背景

● 「いじめ・嫌がらせ」、「パワーハラスメント」が社会問題として顕在化した背景には、企業間競争の激化による社員への圧力の高まり、職場内のコミュニケーションの希薄化や問題解決機能の低下、上司のマネジメントスキルの低下、上司の価値観と部下の価値観の相違の拡大など多様な要因が指摘されている。

　こうした背景要因への対応は、それぞれの職場で労使が自主的に検討することが望まれるものであるが、顕在化している「いじめ・嫌がらせ」、「パワー・ハラスメント」の問題は、その現状にかんがみれば、早急に予防や解決に取り組むことが必要な課題である。

---

[6] 「パワー・ハラスメントの実態に関する調査研究」（注4参照）では、「パワー・ハラスメント」が企業にもたらす損失として、「社員の心の健康を害する」（83％）、「職場風土を悪くする」（80％）、「本人のみならず周りの士気が低下する」（70％）、「職場の生産性を低下させる」（67％）、「十分に能力発揮が出来ない」（59％）と回答されている。

[7] 不法行為責任や安全配慮義務違反など

● しかし、問題の当事者である労使が、この問題の重要性に気づいていない場合や、気づいていたとしても、「いじめ・嫌がらせ」、「パワーハラスメント」と「業務上の指導」との線引きが難しいなどの理由から、取組みが難しい、取組む場合も管理者が及び腰となるなど、問題への対応に困難を感じている場合も少なくなく、当事者の自主的な努力だけでは取組みが進展しないおそれがある。

このため、職場のいじめ・嫌がらせ問題に関する円卓会議ワーキング・グループ（以下「当WG」という）は、この問題の重要性を社会に喚起すると同時に、どのような行為を職場からなくすべきか、そのためにどのような取組みを取り得るのかを明らかにして、企業や労働組合をはじめとする関係者の取組みを支援するために、経済界、労働界、有識者、政府の参画のもと議論を重ね、この報告を取りまとめることとした。

2．どのような行為を職場からなくすべきか

（1）共通認識の必要性

●「いじめ・嫌がらせ」、「パワーハラスメント」という言葉は、一般的には、そうした行為を受けた人の主観的な判断を含んで用いられることに加え、どのような関係[8]の下で行われる、どのような行為がこれらに該当するのか、人によって判断が異なる現状がある。とりわけ、同じ職場内で行われる「いじめ・嫌がらせ」、「パワーハラスメント」については、業務上の指導との線引きが難しいなどの課題があり、この問題への労使の取組みを難しいものとしている。

そのため、当WGとしては、職場の一人ひとりがこの問題を自覚し、対処することができるよう、どのような行為を職場からなくすべきであるのかを整理することで、労使や関係者が認識を共有できるようにすることが必要であると考えた。

● このような問題意識から、当WGは、各団体や有識者が整理している「いじめ・嫌がらせ」、「パワーハラスメント」の概念を参考に検討を行った結果、以下のような行為について、労使が予防・解決に取り組むべきであること、そのような行為を「職場のパワーハラスメント」と呼ぶことを提案する。

---

[8] 同じ職場で働く者同士の関係以外にも、例えば、顧客や取引先から、取引上の力関係などを背景に、従業員の人格・尊厳を侵害する行為がなされる場合がある。

> 職場のパワーハラスメントとは、同じ職場で働く者に対して、職務上の地位や人間関係などの職場内の優位性を背景に、業務の適正な範囲を超えて、精神的・身体的苦痛を与える又は職場環境を悪化させる行為をいう。

● はじめに述べたとおり、パワーハラスメントという言葉は、上司から部下へのいじめ・嫌がらせを指して使われる場合が多い。しかし、先輩・後輩間や同僚間、さらには部下から上司に対して行われるものもあり、こうした行為も職場のパワーハラスメントに含める必要があることから、上記では「職場内の優位性」を「職務上の地位」に限らず、人間関係や専門知識などの様々な優位性が含まれる趣旨が明らかになるよう整理を行った。

● また、職場のパワーハラスメントについては、「業務上の指導との線引きが難しい」との指摘があるが、労使が予防・解決に取り組むべき行為は「業務の適正な範囲を超え」るものである趣旨が明らかになるよう整理を行った。個人の受け取り方によっては、業務上必要な指示や注意・指導を不満に感じたりする場合でも、これらが業務上の適正な範囲で行われている場合には、パワーハラスメントには当たらないものとなる。

● なお、職場のパワーハラスメントにより、すでに法で保障されている権利が侵害される場合には、法的な制度の枠組みに沿って対応がなされるべきである[9]。

（2）職場のパワーハラスメントの行為類型

● 職場のパワーハラスメントの行為類型としては、以下のものが挙げられる。ただし、これらは職場のパワーハラスメントに当たりうる行為のすべてを網羅するものではなく、これ以外の行為は問題ないということではないことに留意する必要がある。

　　① 暴行・傷害（身体的な攻撃）

　　② 脅迫・名誉毀損・侮辱・ひどい暴言（精神的な攻撃）

　　③ 隔離・仲間外し・無視（人間関係からの切り離し）

　　④ 業務上明らかに不要なことや遂行不可能なことの強制、仕事の妨害（過大な要求）

---

[9] 例えば、セクシュアルハラスメントについては、優位性を背景に苦痛を与えるなど職場のパワーハラスメントと重なる点もある一方、業務上の必要性を伴わないという点で異なること、また、男女雇用機会均等法によって雇用管理上講ずべき措置が明確化されていることから、同法の枠組みに沿って取組みが行われるべきである。

⑤ 業務上の合理性なく、能力や経験とかけ離れた程度の低い仕事を命じることや仕事を与えないこと（過小な要求）

⑥ 私的なことに過度に立ち入ること（個の侵害）

● 次に、労使や職場の一人ひとりの理解を深め、その取組みに資するよう、上記の行為類型のうち、職場のパワーハラスメントに当たるかどうかの判断が難しいものは何か、その判断に資する取組み等について示しておこう。

まず、①については、業務の遂行に関係するものであっても、「業務の適正な範囲」に含まれるとすることはできない。

次に、②と③については、業務の遂行に必要な行為であるとは通常想定できないことから、原則として「業務の適正な範囲」を超えるものと考えられる。

一方、④から⑥までについては、業務上の適正な指導との線引きが必ずしも容易でない場合があると考えられる。こうした行為について何が「業務の適正な範囲を超える」かについては、業種や企業文化の影響を受け、また、具体的な判断については、行為が行われた状況や行為が継続的であるかどうかによっても左右される部分もあると考えられるため、各企業・職場で認識をそろえ、その範囲を明確にする取組みを行うことが望ましい。

3．どのようにしたら職場のパワーハラスメントをなくすことができるか

（1）まず何から始めるか

● これまで述べてきたようなパワーハラスメント問題の重要性を踏まえると、まず企業として、「職場のパワーハラスメントはなくすべきものである」という方針を明確に打ち出すべきである。

こうした組織としての方針の明確化は、相手の人格を認め、尊重し合いながら仕事を進める意識を涵養することにつながる。職場の一人ひとりがこうした意識を持つことこそが、対策を真に実効性のあるものとする鍵となる。さらに、組織の方針が明確になれば、パワーハラスメントを受けた従業員やその周囲の従業員も、問題の指摘や解消に関して発言がしやすくなり、その結果、取組みの効果がより期待できるようになるとも考えられる。

こうした職場内の気運の醸成のためにも、まずは「提言」（仮）を職場内で周知していただきたい。

● すでに述べたように、職場のパワーハラスメントの予防や解決への取組には困難があると考えている企業も少なくない。しかし、対策に取り組み、成果を上げている企業も存在する。そうした取組を始めたきっかけは、具体的に発生した問題への対応、メンタルヘルス対策、セクシュアルハラスメント問題への対応など様々だが、取組を進めるなかで企業の存続・発展、職場の士気や生産性、企業イメージ、コンプライアンスの観点からも対策の有効性を認識するに至っている。

　パワーハラスメントは自分たちには関係がない、取り組むメリットがない、取組が難しいなどと思って対策の導入を躊躇するのではなく、是非、できるところから取組を始め、一人ひとりの尊厳や人格が尊重される職場づくりに努めていただきたい。

● なお、取組を始めるにあたって留意すべきことは、職場のパワーハラスメント対策が上司の適正な指導を妨げるものにならないようにするということである。上司は自らの職位・職能に応じて権限を発揮し、上司としての役割を遂行することが求められる。

（2）職場のパワーハラスメントを予防・解決するために

● 労使の間で、職場のパワーハラスメントについての認識が必ずしも十分ではないこともあり、実際に問題が発生している状況への対応においては、行政の役割が重要になってくる。

　行政は、労使団体とも協力しながら、この問題の重要性を企業や労働組合に気づかせ、予防・解決に向けた取組を支援するために、この問題の現状や課題、取組例などについての周知啓発を行うべきである。それとともに、職場の一人ひとりが自覚し、考え、対処するための環境が整うよう、社会的な気運を醸成することが重要である。

　併せて、関係者による対策が一層充実するよう、この問題についての実態を把握し、明らかにすべきである。

● それでは、労使の取組としてどのようなことが考えられるか。以下、すでに対策に取り組んでいる企業・労働組合の主な取組の例を紹介する。

　これらの取組は、企業が単独で行っているものばかりでなく、労使が共同で行っているもの、労働組合が単独で行っているものもある。労使が共同で取り組む際には、労使の話合いの場を設置したり、既存の話合いの場を活用したりする選択肢がある。また、労働組合は、自らも相談窓口の設置や周知啓発を行ったりするなどの取組を実施するとともに、企業に対して対策に取り組むよう働きかけを行うことが望ましい。

　企業によって発生する職場のパワーハラスメントの実態は多様であり、その対策に

も決まり切った正解はない。取り組むにあたっては、セクシュアルハラスメント対策などの既存の枠組みを活用するなど、それぞれの職場の事情に即した形でできるところから取組をはじめ、それぞれ充実させていく努力が重要である。

職場のパワーハラスメントを予防するために

■ トップのメッセージ
　組織のトップが、職場のパワーハラスメントは職場からなくすべきであることを明確に示す
■ ルールを決める
　就業規則に関係規定を設ける、労使協定を締結する
　予防・解決についての方針やガイドラインを作成する
■ 実態を把握する
　従業員アンケートを実施する
■ 教育する
　研修を実施する
■ 周知する
　組織の方針や取組について周知・啓発を実施する

職場のパワーハラスメントを解決するために

■ 相談や解決の場を設置する
　企業内・外に相談窓口を設置する、職場の対応責任者を決める
　外部専門家[10]と連携する
■ 再発を防止する
　行為者に対する再発防止研修を行う

● 上記の取組例のうち、「トップのメッセージ」、「教育する」こと、「相談や解決の場を設置する」ことを実際に導入する際には、効率的かつ効果的なものとなるよう以下のような点にも留意するべきである。

　トップのメッセージを示すにあたって、経営幹部が職場のパワーハラスメント対策の重要性を理解すると、取組が効果的に進むことが考えられるため、特に経営幹部に、対策の重要性を理解させることが必要である。

　教育については、パワーハラスメントは、人権問題、コンプライアンス、コミュニ

---

[10] 例えば、産業カウンセラーと連携している企業が存在する。また、メンタルヘルス相談の専門機関と連携することも考えられる。

ケーションスキル、マネジメントスキルなどと関連が深いものであることから、パワーハラスメント研修[11]をこれらの研修と同時に行うことで、より効率的・効果的なものとなると考えられる。

なお、この問題についての周知啓発や研修を行ったり、相談窓口の役割も担うなどのパワーハラスメント対策を推進する担当者を養成することも、予防と解決の双方にわたって有効な手段と考えられる。

また、相談や解決の場を設置するにあたっては、相談窓口や職場の対応責任者に相談した人や相談内容の事実確認に協力した人が不利益な取扱いを受けることがないようなものとするとともに、その旨を従業員に明確に周知することが必要である。また、実際に相談を受けた場合の対応にあたっては、パワーハラスメントを受けた相談者とこれを行ったとされる行為者の双方の人格やプライバシーの問題に配慮しながら、慎重に対応する必要がある。

さらに、パワーハラスメントは心の健康の悪化にもつながるものであることから、産業保健スタッフをはじめとする担当者に対してパワーハラスメント対策の取組内容を周知し、健康相談の窓口にパワーハラスメントが疑われる相談が持ち込まれた場合には、相談者の意向を尊重しつつ、パワーハラスメントの相談窓口を紹介するなど、連携を図ることが望ましい。

● 職場のパワーハラスメントは、当事者である労使が対策に取り組み、自ら解決することが望ましいものであるが、労働者にとっては、都道府県労働局が運営している個別労働紛争解決制度[12]や都道府県（労政主管部局等や労働委員会）による相談やあっせんを利用することも重要な選択肢[13]であり、一層の周知が図られるべきである。

---

[11] 管理職に対する研修などでは、管理職自身が職場で他者の人格を傷つけるような行為をしてはならないことを確認し、業務に必要な指示、教育指導の適正な在り方について理解するとともに、職場管理の一環として、部下に職場のパワーハラスメントを起こさせない環境づくりについて理解することが望まれる。

[12] 解雇、雇止め、配置転換、賃金の引下げなどの労働条件のほか、いじめ・嫌がらせなど労働問題に関するあらゆる分野について、個々の労働者と事業主との間の紛争（個別労働紛争）の円満解決を図るため、都道府県労働局において、無料で個別労働紛争の解決援助サービスを提供し、個別労働紛争の未然防止、迅速な解決を促進することを目的として、「個別労働関係紛争の解決の促進に関する法律」が平成13年10月に施行された。この法律に基づいて、総合労働相談コーナー（都道府県労働局企画室及び労働基準監督署内、主要都市の駅周辺ビルに設置）における情報提供・相談、都道府県労働局長による助言・指導、紛争調整委員会によるあっせんが行われている。

[13] また、行政以外でも法テラス（日本司法支援センター）で無料法律相談などの取組を行っているほか、労働組合においても組合員であるか否かを問わず、無料で労働相談を受け付けているものもある。

4．おわりに

● 職場のパワーハラスメントをなくすためには、職場の一人ひとりが、この問題について自覚し、考え、対処することが重要であるが、そのような行動の基となるのは、職場の仲間の人格を互いに尊重する意識であることを、わかりやすい言葉で社会に訴えかけてはどうか。

当ＷＧにおいてこの問題に取り組む企業にヒアリングを行った際、次のような人事担当役員の言葉が紹介されたので、参考として報告する。

> 全ての社員が家に帰れば自慢の娘であり、息子であり、尊敬されるべきお父さんであり、お母さんだ。そんな人たちを職場のハラスメントなんかでうつに至らしめたり苦しめたりしていいわけがないだろう。

著者

岡田　康子（おかだ　やすこ）

1978年中央大学文学部卒業。2001年早稲田大学ＭＢＡ取得、2008年同経営大学院博士課程修了。1988年より新規事業のコンサルティングを行う㈱総合コンサルティングオアシス代表取締役。1990年女性の活躍推進やハラスメント対策の総合コンサルティングを行う㈱クオレ・シー・キューブを設立。2001年よりパワーハラスメントという言葉を創造しその研究と防止に取り組んでいる。2011年厚生労働省「職場のいじめ嫌がらせ問題に関する円卓会議」委員。パワハラに関する研究、執筆、講演など多数の実績を有する。
主な著書に「上司と部下の深いみぞ」紀伊国屋書店「上司殿！それはパワハラです」「パワーハラスメント」日本経済新聞社などがある。

木村　節子（きむら　せつこ）

1993年恵泉女学園大学人文学部卒業後、大手機械メーカー2社にて営業部門・人材育成部門の勤務を経験。2004年以降、大学生から社会人までの採用・人材育成や、㈱クオレ・シー・キューブのハラスメント対策講師として活動中。
2012年より、筑波大学大学院修士課程にてストレスマネジメントの研究を行っている。

しない・させない・まねかない
セクハラ・パワハラ

平成25年5月29日　初版
平成28年8月10日　初版4刷

著者　　㈱クオレ・シー・キューブ
　　　　代表取締役　岡田　康子
　　　　　講　師　　木村　節子

マンガ　　山口　紀典

発行所　　株式会社　労働新聞社
　　　　　〒173-0022　東京都板橋区仲町29-9
　　　　　TEL：03-3956-3151　FAX：03-3956-1611
　　　　　https://www.rodo.co.jp/　pub@rodo.co.jp

印刷　　　株式会社　ビーワイエス

禁無断転載／落丁、乱丁はお取り替えいたします。
ISBN978-4-89761-466-3

私たちは、働くルールに関する情報を発信し、経済社会の発展と豊かな職業生活の実現に貢献します。

労働新聞社の定期刊行物の御案内

人事・労務・経営、安全衛生の情報発信で時代をリードする

「産業界で何が起こっているか？」労働に関する知識取得にベストの参考資料が収載されています。

週刊 労働新聞

※タブロイド判・16ページ
※月4回発行
※年間購読料 42,000円+税

- 安全衛生関係も含む労働行政・労使の最新の動向を迅速に報道
- 労働諸法規の実務解説を掲載
- 個別企業の労務諸制度や改善事例を紹介
- 職場に役立つ最新労働判例を掲載
- 読者から直接寄せられる法律相談のページを設定

安全・衛生・教育・保険の総合実務誌

安全スタッフ

※B5判・58ページ
※月2回（毎月1日・15日発行）
※年間購読料 42,000円+税

- 法律・規則の改正、行政の指導方針、研究活動、業界団体の動きなどをニュースとしていち早く報道
- 毎号の特集では、他誌では得られない企業の活動事例を編集部取材で掲載するほか、災害防止のノウハウ、法律解説、各種指針・研究報告など実務に欠かせない情報を提供
- 「実務相談室」では読者から寄せられた質問（安全・衛生、人事・労務全般、社会・労働保険、交通事故等に関するお問い合わせ）に担当者が直接お答え
- デジタル版で、過去の記事を項目別に検索可能・データベースとしての機能を搭載

労働新聞データベース　統計資料から審議会情報（諮問・答申）や法令・通達の「速報資料誌」

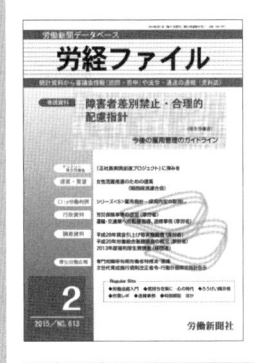

労経ファイル

※B5判・92ページ
※月1回（毎月1日発行）
※年間購読料 42,000円+税

- 労働経済・労働条件、労使関係についての各種調査資料をなまの形で提供
- 政府機関と審議会（諮問答申）情報はじめ行政通達など労働法令関係も
- 経営団体・労働組合の研究報告や提言も随時掲載

《収録資料例》
- 厚労省・毎月勤労統計調査（年間）
- 厚労省・就労条件総合調査
- 総務省・消費者物価指数（年間）
- 人事院・民間給与の実態
- 生産性本部・仕事別賃金
- 厚労省・賃金構造基本・統計調査
- 総務省・労働力調査（年間）
- 中労委・賃金事情等総合調査
- 日経連・定期賃金調査
- 東京都・中小企業の賃金事情 等々

上記の定期刊行物のほか、「出版物」も多数
労働新聞社　ホームページ　https://www.rodo.co.jp/

労働新聞社

〒173-0022 東京都板橋区仲町29-9　TEL 03-3956-3151　FAX 03-3956-1611